ヨシヤの改革

申命記とイスラエルの宗教

David Tabb Stewart · *Adam L. Porter* 著

魯 恩碩 編訳

博英社

編訳者まえがき

　　本書はDavid Tabb Stewart & Adam Porter, *The Josianic Reform: Deuteronomy, Prophecy, and Israelite Religion, Student Manual, Version* 2.0の日本語翻訳版であり、Reacting to the Past（RTTP）という教育ゲームを行うための学生用教本です。RTTPは、米国で開発され、世界的に活発に利用されているActive Learning系の教育ツールです。現在、私は聖書学関連の授業でRTTPを使用して、旧約聖書を教えていますが、その教育的効果が非常に高いことを実感しています。RTTPは過去の出来事や歴史をゲーム形式で学ぶ斬新なアプローチですが、その適用可能範囲は全ての学問分野に及び、ほぼ無限であると言えるでしょう。RTTPに関する詳細な説明や他のRTTP教本を読むためには、下記のリンクを参照してください。

https://reacting.barnard.edu/

　　RTTPの一種である*The Josianic Reform: Deuteronomy*、*Prophecy and Israelite Religion*の学生用教本を日本語に訳し、日本の教育現場におられる方々に提供できることを嬉しく思います。
　　この教本は英語からの翻訳ですが、文字通りの翻訳ではなく、原著者であるDavid Tabb Stewart博士とAdam L. Porter博士の許可を得て日本の文化的環境や大学の状況に合わせ、大幅な改訂を行いました。日本の大学に特化した改訂版といっても良いと思います。全体的な内容は原文と同様ですが、ゲームの流れを分かりやすくするために原文にはない内容も追加し、難解なコンセプトや文章などは意訳しました。この新しい試みが大学で聖書を学問的に学ぶ人々がより楽しく、そしてより面白く聖書学という難しそうな学問に近づける一つの手段になればと心より願っております。

なお、本書における聖書箇所の日本語訳については私訳でなければ新共同訳に従いましたことを記しておきます。

　最後に本書の校正作業をお手伝い頂いた国際基督教大学の大学院生、豊田祈美子さんと編集実務を担当頂きました博英社スタッフの方々に感謝の念を表したいと思います。

2019年12月
国際基督教大学の研究室にて

魯 恩碩

目次

エルサレムへようこそ!

　エルサレムでは楽しい時間を過ごせます。最近、ヨシヤ王は神殿の大きな修理を命じました。そこで働いていた大祭司ヒルキヤが古代の巻物を発見した時の驚きを想像してみてください！ 彼はそれを読み、それを王の秘書シャファンに見せました。シャファンはその巻物を王の前に持って行き、朗読しました。巻物の言葉を聞くと、ヨシヤはその内容にとても驚きました (列王記下22:3-10)。

　彼は、その巻物についてヒルキヤ、シャファン、アヒカム（シャファンの息子）、そしてアクボルと話し合いました。王は巻物の言葉を信じたくはなかったと思われますが、それを承認するよう命じました。人々が預言者フルダに相談すると、彼女はその巻物が本物、すなわち、主の言葉であると確認しました（列王記下22:11-16）。

　この発見のゆえに、王はエルサレムで会議を開きました。王はユダの宗教的慣行を大規模に改革し、発見された巻物に記載された法律に沿うように変更しようと考えています。当然ながら、現在行われている、古代の伝統に秘められた宗教的慣習を変えるという提案は、多くのユダヤ人の間に深刻な懸念を引き起こしました。この会議のためにエルサレムを訪れる人々が増え、あなたが故郷を発つ前にすでに、様々なグループの議論の噂があなたの耳に入ってきました。

　南の方からエルサレムに近づくと、丘の上に建てられたソロモンの神殿が見えます。その神殿はエルサレムの全てを見下ろせる場所に建てられています。エルサレムで最も古いダビデの町は、2つの谷間の平野に位置しています。街の新しい部分は、谷を横切り隣接する丘を越えて左に伸びています。あなたが今いる場所からは見えませんが、およそ

1世紀前に町の主要な新しい区域が神殿の北西に加えられました。それは、アッシリア人がサマリアを破壊した際に、南に逃げたイスラエルからの難民を収容するためのものでした。

　エルサレムに入ると、レビ人祭司のグループに出会います。彼らは地方聖所（聖書では、バマ[複数形：バモト]または「高台」として知られています）の出身です。この聖所はエルサレムの郊外にあるヤハウェの聖域であり、新しく発見された「律法の書」では違法とされています。彼らはあなたを取り囲んで、神に捧げられていない動物の肉を食べることは忌まわしい行いであり、モーセによって禁じられていると主張します（レビ記17:1-4）。動物を神に捧げず、ただ屠殺するという考えは、彼らにとって神に対する不敬を表します。

　彼らが仕える場所である全ての聖所が閉鎖されるならば、それは地域の人々が適切にヤハウェに捧げられた肉を食べる可能性を排除することになります。人々が肉を食べることを可能にするために、「律法の書」は世俗的な屠殺を許可します。つまり、動物を殺して、ヤハウェへの献げ物としては、少しも提供しないという意味です。レビ人は、この目新しい考えは無意味であり、いわゆる「律法の書」は司祭の伝統とは矛盾するので、それは正当ではあり得ないと力説します。

　レビ人はあなたを取り囲み、伝統的な宗教的慣習の継続を声高に訴え、自分たちのグループに加わるよう促します。彼らはまた、預言者フルダは真の預言を与えなかったと言っています。なぜなら、彼女の夫シャラムは、王のために働いているため、彼女は王にとって耳触りの良いことを言っただけであると主張します。

　あなたは自分の立場を明確にすることを拒みながらも、あなたが彼らの立場についてもっと理解しようとすることを約束します。

　丘を登ると、神殿に入ります。ソロモンが約400年前に建てた、古いながらもとても美しい神殿です。もちろん、ヒゼキヤ王が金を剥ぎ取る前のほうが、神殿の扉はより美しいものでした（列王記下18:16）。神

殿の中庭に入ると、ある老人に出会います。彼は、あなたにエルサレムへの旅行の記念品を売ろうとします。それは神殿の絵が描かれている壊れた鍋の一部です。そして自分は長年にわたり神殿の中庭で働いてきたと話します。彼は、最近ヨシヤとヒルキヤが行った神殿の改修は良いと思うが、提案された改革プログラムについて心配しています。

　老人は、ユダの王によって建てられた神殿の入り口にいる美しい馬を指し、その馬のお土産用の小さなレプリカを見せます。彼はまた神殿の中にあるアシェラの像も販売しています。彼は嬉しそうにあなたにこう語ります。「私の知る限り、この場所に様々な神々を祭ることができる私たちは祝福されています。もちろんヤハウェが最も位の高い神であると知っていますが、私たちは様々な悩みに応じて、他の神にも祈ることができるのです。ヤハウェの妻アシェラは、子供が欲しいと願う男女に人気があります。バアルは雨をもたらすと信じられているため、農家の人たちに人気です。」しかし、提案された改革について憤慨し始めると、老人の顔は暗くなります、「しかし、ヨシヤたちは、これら神々とそれを拝む人々を神殿から追い出そうとしているため、人々はヨシヤたちに憤慨するでしょう。」

　老人がこの市場から宗教的なお守りや像がなくなってしまうことを懸念していることにあなたは気づくでしょう。彼は、アシェラの像をどうするつもりでしょうか。しかし、彼はこの心配事についてはっきりとは言いません。彼の怒りに少し耳を傾けた後、あなたは小物売りの老人から何も購入せずに、徐々にそこを立ち去ります。彼はいらついてあなたを呼び止めようとしますが、あなたは急いで彼の呼び声から逃げ去ります。

　神殿の中庭を横切っている間に、あなたはもう一人の男が突然立ち止り、マントを脱ぎ捨てて、そして数段の階段に飛び乗るのを見ます。誰もが物静かな様子でいるのに対し、彼は群衆の中で目立ちます。なぜなら彼はほとんど裸だからです。腰巻をしているだけで、ひげ剃りと風呂が必要であるように見える彼ですが、ヤハウェの言葉が彼に臨んだと

大声で叫び、エルサレムに来て、主のメッセージを皆に伝えるように命じられたと語ります。彼の言葉は美しく、適切であり、生き生きとしています。彼は情熱的に話し、詩を使って説明し、微妙な変化をつけながら2回以上文を繰り返します。周囲が騒々しく、よく聞こえないため、2回繰り返し話してくれることをあなたはありがたいと思います。そして、あなたは、これまでにも預言者を見たことがありますが、この預言者は特別にすばらしいと感じます。

彼のメッセージは、エルサレムの人々がどっちつかずで、主に従わないことを非難しています。エルサレムの住民は、寡婦と孤児の窮状を無視しています。彼は、エジプトで奴隷であった私たちを、ヤハウェが力ある御手と御腕で束縛から解放したことを人々に思い出させようとしています。彼は、王がヤハウェの律法と戒めを無視したとして批判しており、祭司たちのことも非難しています。預言者は、ヤハウェが人々の捧げものを喜ばないと断言します。そして彼は、エルサレムの住民はあまりにも身勝手であり、誰も悔い改めないため、神はためらうことなくエルサレムを滅ぼすと言い渡します。

しかし、彼がさらに預言をする前に、何人かの兵士（あるいは、おそらく神殿の司祭警備員?）が現れて彼を捕えます。彼らは裸の預言者をマントに包み込み、彼を乱雑に扱い連れ去りました。あなたは彼がひどい怪我をしないよう願うと同時に、ヤハウェの言葉があなたに臨まなかったことに安心しています。預言者になることはどう見ても大変なことであるからです。

切られていない石でできた祭壇に近づくと、あなたはエルサレムの司祭たちのグループと出会います。このグループを率いているのは「律法の書」を発見した司祭ヒルキヤですが、彼は年老いており、噂では、無類のワイン好きとのことです。司祭たちの中にはヒルキヤの代わりに若い司祭を立てたいと思っている者もいますが、特に「律法の書」を発見したことで、多くの司祭たちはヒルキヤを高く評価しています。もし

も法令が実施されれば、地方の聖所は閉鎖され、エルサレムはさらに重要な場所になります。人々は供え物をエルサレムの神殿に捧げなければならないでしょう。そして、このことは当然ながらエルサレムの祭司たちに利益をもたらすでしょう。あなたがこれについて尋ねるなら、彼らは神への礼拝をエルサレム神殿で一元化して行うことこそが、主を喜ばせることであると明言するでしょう。聖所の中央集権化こそが「律法の書」に書き記されている法令を実施する一番の理由なのです。司祭たちは改革についての計画の背後で団結しているように見えますが、あなたにとって彼らの指導力は疑わしいものです。彼らがあなたに、ヒルキヤについての意見を求めると、あなたは会議でこれらの問題について議論するのを楽しみにしていると言って、明確な返事をすることを避けます。

　神殿を出た後、あなたは王の宮殿に向かって行きます。宮殿に入ると、ヨシヤ王の何人かの顧問があなたのところにやって来ます。彼らは自分たちの主な目標は、神の御心にかなう形で、人々を統治することを確実にすることであると説明します。彼らは公の秩序の維持が、神から与えられた主要な使命の一つであると理解しているため、市民たちの混乱と騒乱を避けようと熱心に働いています。彼らは外交関係についての情報についても懸命に収集しようとしています。あなたは国境付近の地域から来たため、彼らは国際情勢について、あなたの見解を聞きたいと願っています：

　あなたはアッシリアが力を取り戻すと思いますか？ 私たちはアッシリアを支持し続けるべきですか？ それとも、現在帝国の内部で行われている王位継承争いは、アッシリア帝国の弱体化を招くでしょうか。

　バビロニアでも、王位継承の争いによって混乱が続いていますが、彼らがいつか一致団結してアッシリアを制圧するようになると思いますか？ もしかしたら、遠方のメデスはアッシリアを攻撃することを助けるのでしょうか？

　またはエジプトかもしれません。確かに彼らは私たちにとってより

近い脅威です！そのエジプトがやがて力を取り戻し、ユダの領土と旧イスラエルの領土に再び侵略するのでしょうか。

　彼らがこれらの質問にとても関心を持っている一つの理由は、彼らのうちの何人かがユダの境界を広げたいと思っているからです。南に移動してエドム人をユダの旧領土から追放することを主張する人もいます。他の人たちは西に移動して沿岸の都市を占領し、ユダに港を与えたいと思っています。そして、他の人たちは、古くからあるイスラエルの豊かな領土に向かって、貪欲に北の方に領土を広げることを渇望しています。

　残念なことに、あなたは、彼らの質問に対する明確な答えを持っていません。あなたは彼らに「律法の書」と改革について尋ねます。そして、宗教的慣行が王家の税金に影響を与えるかどうかや、政府の統治に助けとなるのか妨げになるのかということ以外、王室の多くの構成員が宗教的な問題についてあまり心配していないことにあなたは驚きます。神は選民の統治者たちにより多くのことを期待しているのではないでしょうか。

　宮殿で、あなたはヨシヤの会議のためにエルサレムにいた他の何人かの人々に出会います。彼らと話をしていると、全員があなたと同じ宿に滞在しているということがわかり、一緒に歩いていくことにしました。あなたがエルサレムの狭い道を通り抜けるとき、見知らぬ人たちがあなたに彼らの考えを訴えかけます。彼らは、「律法の書」に記されている改革を実行することを強く支持しているようです。彼らは、この文書がモーセの死の直前に記された彼の真の最終演説であると思っています。「律法の書」は、どのようにして宗教的に正しく生きるかということだけでなく、王に正しく統治するための方法を教える内容も含んでいます。あなたの新しい仲間は、政治は宗教から切り離すことができないと主張しています。歴代の王たちは、モーセやイザヤのような預言者たちを通して主が命じられた律法や戒めを、あまりにも頻繁に無視してきました。しかし、神の戒めを無視すると、最終的には神を怒らせ、神が

約100年前にイスラエルを罰したように、即座にユダを罰することになります。神は外国から抑圧者を私たちに迫らせ、もし私たちが悔い改めなければエルサレムを破壊させてしまうでしょう。彼らはあなたにヨシヤの改革は取り消されるべきではなく、むしろさらに推進され完成されるべきであると言います。彼らの考えによれば、王、祭司たち、そして全ての国民が「律法の書」に従うべきです。

　宿に到着するまでに、あなたは彼らが多くの問題についてどのような意見を持っているかについてかなり詳しく知るようになります。彼らは酒を飲みにあなたを誘いますが、あなたは頭痛がしたため、真っ直ぐ部屋に帰りました。

　あなたは、エルサレムでの短い旅があなたの頭痛の原因であると確信しています。あなたは今日、ヨシヤ王が問題解決のために会議を開いたことについて反対する多くの人々に出会いました。あなたは、会議はすぐに終わるであろうと思っていました。しかし今、あなたは、異なる意見を持つ複数のグループが互いに強く反対しており、合意に至ることが困難になるということが分かりました。あなたは横になるとため息をつき、次のような箴言の言葉を思い出します。

　　諭しに聞き従って知恵を得よ。

　　なおざりにしてはならない。

　　わたしに聞き従う者、日々、わたしの扉をうかがい

　　戸口の柱を見守る者は、いかに幸いなことか。

　　わたしを見いだす者は命を見いだし

　　主に喜び迎えていただくことができる。

　　わたしを見失う者は魂をそこなう。

　　私を憎むものは死を愛する者。

　（箴言8:33－36）

ヨシヤの改革ゲーム参加者への期待

❖

　それは、紀元前（BCE）[1]622年、ヨシヤ王の治世第18年目のことです。ヨシヤ王に命じられた神殿の改修中に、大祭司ヒルキヤは神殿で「律法の書」を見つけました。ヒルキヤとシャファンは二人ともその書物を読み、それから王にそれを持って行きました。シャファンはヨシヤ王に、それを読み聞かせました。その書物は王に衝撃を与えて怯えさせ、王は自分の服を引き裂いたほどでした。しかし、それは本物ではなかったのでしょうか。ヨシヤは何人かの人々に、その書物を持って行き、それを確かめるために「ヤハウェに尋ねる」ように命じました。彼らは、女預言者フルダの所へ行き、彼女からその巻物に記されている警告が、確かに神からの言葉であるという答えを得ました。しかし、もし彼女が間違っていたら、あるいはもし嘘をついていたとしたらどうでしょう。

　ヨシヤ王はこの書物の律法を即座に実行すべきかどうかを確かめるために会議を開きました。ユダの宗教は劇的に変えられ、古くからの聖なる伝統は改革されるべきでしょうか。これがエルサレムの人々が直面している主な問題なのです。

　しかし、人々にこれらの改革を実行するように説得することは、容易ではありません。この改革は社会全体に様々な影響を及ぼすからです。

1　BCEとCEとは、「共通の時代（Common Era; 西暦紀元と同義語）の前」と「共通の時代」の略語であり、「共通の時代」とは、ユダヤ教とキリスト教が共に存在していた時代です。したがって、これらの呼び名は伝統的な「紀元前」（「キリストの前」）や「紀元後」（「アンノ・ドメニ」や「私たちの主の年」）という名称よりも宗教的に中立的なものです。

- 律法の書（申命記12-26）は、一般の人々や大多数のユダヤ人たちの伝統的な宗教的慣習とは大きく異なります。人々は自分たちの宗教的慣習を大きく変えなければいけないでしょう。
- 律法の書はまた、ユダの宗教専門家である司祭たちによって教えられ実践されてきた宗教的な規則とは少し異なっています。新しい規則が実際にはヤハウェを礼拝することをより難しくする可能性があります。
- 律法の書が女性の預言者によって真の御言葉であると宣言されたからと言って、その信憑性が誰もが安心できるほど保証されたものとは言えません：
  預言はしばしば成就しないこともあるため、成就するまではその信憑性が常に疑われるものです。
  預言者たちの中には、王（あるいは預言を求めている人）の欲望を把握し、彼らが聞きたいことを伝えようとする偽預言者もいます。そのため預言者の預言に対する信憑性というのはそもそも疑わしいものです。
  そして時々、ヤハウェは歴史の行方を御心のままにするために、預言者に嘘をつかせる場合もあります（列王記上22:19-28）。

宗教的な考慮事項に加えて、律法の書で要求されている宗教的改革を実施することは、経済的にも大きな影響をもたらすことになるでしょう。

収穫の十分の一と献げ物がエルサレムのヤハウェにしか与えられなければ、エルサレムはさらに裕福になるでしょうが、宗教的聖所を持つ他の全ての場所や町は今よりも貧しくなるでしょう。

離れた場所にある宗教施設を閉鎖すれば、そこにいる司祭たちは失業することになります。これらの人々はどのように彼ら自身と彼らの家族を養うのでしょうか。

このゲームでは、クラスを4つの分派（王政、祭司、預言、庶民）に分けて、これらの変革がさまざまなグループにどのように影響するかを検討していきます。これらは公のアイデンティティであり、すべてのプレイヤーに知らされます。

　しかし、宗教改革について厳格に分けられている2つの秘密派閥（申命記主義者と伝統主義者）もあります。何人かの祭司たち（あるいは王族や預言者たち、または庶民たち）は、律法の書にある、申命記派によって支持されているものよりも伝統的な礼拝の慣習を好むかもしれません。実は、すべての分派にこれらの秘密派閥のメンバーが混在する可能性があります。もし秘密派閥に属しているならば、あなたは注意深くあなたの秘密派閥を明らかにせずに、同盟者を見つけようとする必要があるでしょう。特にあなたが伝統主義者の秘密派閥に参加しているならば、慎重に行動し、自分が裁判にかけられ処罰を受けないようにして下さい。

　決定が必要とされる2つ目の問題は、外交政策に関連しています。ユダは約75年間アッシリアの従順な属国であり、毎年その敬意を表し、反乱を起こすことなく、貢物を払ってきました。これは平和を確実にしました。そして、それはユダが繁栄し、アッシリア人がヒゼキヤの治世に破壊した都市を再建することを可能にしました。しかし彼らの平和は、同時にユダの敵、特にアンモン人とエドム人も強く成長することを可能にしました。その中でもエドム人は、かつてはユダ王国の領土と見なされていたネゲブの一部を占領しました。

　アッシリアが弱体化しているのであれば、おそらくエジプトあるいはバビロニアと同盟を結び、アッシリアの支配を逃れるための時期が来たということでしょう。確かにこれらの国々は、アッシリアによって要求されてきた巨額な貢物を求めはしないでしょう。アッシリアは以前の弱まった状態からまだ回復途上にあるため、今、反乱を起こすことはヒゼキヤの治世と同じくらい危険な状況に陥ることになるかもしれません

（列王記下 18:13）。

　　ここで一つ注意しなければならないことは、このゲームでユダが一つ以上の国と同盟を結ぶことが出来ないということです。古代近東の国際関係は現代とは異なり、宗主権条約（Suzerain-Vassal Treaty）を基本とするものです。つまり、互恵的で平等な関係ではなく、弱小国が一つの強大国に絶対的な忠誠を誓う従属的で不平等な関係に基づくものでした。古代近東の宗主権条約がどのようなものであったかを詳しく知りたい人はゲリー・ベックマン（Gary Beckman）のHittite Diplomatic Textsという本を参照して下さい。例えば、ユダのような弱小国の立場では、同盟関係を二つの強大国と結ぶということは、二つの宗主国を持つということになりますが、当時のどの強大国もそのような状況を承認することはなかったでしょう。従属国が一つ以上の宗主国を持つということ自体が宗主国の観点からすると非常に自己本位で不誠実な振る舞いであり、複数の宗主国をもつ従属国はどの宗主国にも絶対的な忠誠を尽くすことが出来ないからです。ですからこのゲームでユダが複数の強大国と同時に同盟関係を結ぶことは出来ません。アッシリア、バビロニア、エジプトの中のいずれか1つの強大国と宗主権条約（Suzerain-Vassal Treaty）を締結するか、あるいはどの国にも頼らず自分の力で独立するかの選択肢だけが存在します。アッシリア派、バビロニア派、エジプト派、独立派が皆一緒になれるような、ユートピア的な解決方法はヨシヤ王時代のユダにはありませんでした。

　　脱歴史的な仮説：聖書には、律法の書が検証され、何をすべきかを議論するためにヨシヤ王が会議を招集したことは書かれていません。むしろ聖書には、すぐにユダの礼拝を変革するためにヨシヤ王が行った努力についてのみ記されています。しかし、聖書の記述は彼が親しい人たちと相談したことを示唆しており、実際には聖書に詳しく描かれていない長い議論があったように思われます。ヨシヤ王はユダとエルサレムの長老たち全員を召集し（列王記下23:1）、さらに平民であろうが高官であ

ろうが誰彼かまわずに、エルサレムの全ての人々を集め、彼らに律法の書を大声で読み聞かせました（2節）。それだけではなく、神の前に契約を立て、皆がそれに加わるようにしました（3節）。これらすべては、王国の指導者たちと国民の同意を得るためのプロセスを暗示しています。ヨシヤ王はなぜこのようなことをしたのでしょうか。なぜなら「国の民」によって彼は王になることができたからです（列王記下21:24）。「国の民」という表現はおそらく大衆ではなく、指導者たちを指しています。

　このように、どんな会議が行われたとしても、それらは主に宮殿とエルサレムのエリートの間で行われた可能性があります。このゲームでは、ヨシヤ王の会議にもっと広い範囲の参加者が含まれています。これは現実的ではありませんが、必要なことです。ヨシヤ王の役員や顧問は大衆の感情や考えを知っており、ある程度は考慮していたと思われます。ヨシヤ王は絶対的な権力は持っていないため、注意深く事を進めなければ、彼の父と同じように宮殿クーデターによって暗殺されるという運命に苦しむかもしれない状況にいます。したがって、このゲームで描かれているような会議が実在したことを示す証拠はありませんが、確かに何らかの形でヨシヤ王の宗教改革をめぐる相談および計画は存在していたはずです。またこのゲームに登場する人物の中には、こうした相談と計画の場に出席しなかった人々もいたと思われますが、彼らの考えや論拠は当時の為政者たちによってある程度考慮されていたかも知れません。

　このゲームの大前提は実際の歴史と異なるもう一つの歴史がゲーム上展開されてもかまわないということです。ですからこのゲームの時代背景が紀元前625年頃ヨシヤ王の時代であることを覚えておいてください。その時点で決まっていなかった出来事はゲームの中でも何も決定されていないことになります。あなたは新しい歴史を創り上げることが出来るのです。従って、歴史上実際に起きたことを根拠に議論を進めないよう気をつけましょう(例えば、バビロニアが歴史上どうせ最終勝利を

収めたからバビロニアと同盟を結んだ方が有利であるなど）。古代の人々が知らなかった、現代社会の経験や知識（自然科学の知識や経済学の理論）などを議論の根拠にすることは基本的に許されますが、その際には、それを既存の見識という形ではなく、啓示、預言、夢、想像という形で語るようにしましょう。

議論に備えるためには、学生は以下の項目を読む必要があります。
- 学生用教本全体。ユダの歴史とイスラエルの宗教については、特に注意して読んでください。
- 申命記、特に5章、12–26章、および32章
- 列王記下22–23章、歴代誌下34–35章
- 自分のキャラクターシート
- 自分のキャラクターシートに記載されている参考文献

全ての資料を注意深く読んで下さい。論文は曖昧な一般化をしているものよりも、詳しい例などが列挙されているものがより説得力のあるものとします。資料を読み、十分に理解した場合にのみ、具体的な例を提示することができます。メモを取り、さまざまな資料の概要を書いてください。

ゲームのために、10–12ページ分のステートメントを書いて下さい。
- 一つ目のステートメント（5–6ページ）は、自分の最初の主張を整理するための機会です。自分の見解はキャラクターシートに記載されています。最初の討論では、ヨシヤ王の改革を実行するかどうかに焦点を当てます。学生は伝統や経済、あるいはその他の問題に基づいて主張を繰り広げることが期待されています。ヨシヤ王の改革を実行するかどうかについて未確定の立場を取るようになっている登場人物もいますが、そのような役を演じる学生は

失望しないでください！なぜならば第2ラウンドの問題（国際政治）と関わる議論には必ず積極的に取り組めるはずだからです。ステートメントでは自分の立場を補強するために一次資料（聖書）を引用しなければなりませんが、注意すべき点があります。ステートメントは、登場人物の性格に合った独創的な形式やジャンルで書くことができます。つまり、預言者であれば、典型的な預言形式（「主の言葉が私に臨んだ。主はこう言われる。」）を使ったり、預言的な交差対句法（主に二行連句か三行連句で構成）を用いたりすることができます。このステートメントの目的は、学術的な議論を行うためではなく、自分の立場から他のゲーム参加者を説得するための論拠を自分の中で整理することであることを常に覚えておいてください。

　もしあなたの役がヨシヤ王の改革や外交政策について未確定の立場を取る場合には、ヨシヤ王の改革や各外交政策が国にもたらすと思われる影響を中立的なスタンスでステートメントに述べることも良いでしょう。ヨシヤ王の改革賛成派と反対派、あるいは各外交政策派に鋭い問いを投げかけることも素晴らしいステートメントを書く近道になりえると思います。未確定の立場を取る役を演じることは「傍観者」になることを意味するわけではありません。むしろ、未確定の立場を取る役こそ、歴史の「決め手」であり「裁判官」でもあります。あなたは様々な派閥の主張を注意深く聞いた後、最も説得力がある派閥にあなたの貴重な一票を投じる大切な使命を持つ人物です。自負心とプライドをもって自分の役を演じて下さいね。

・2つ目のステートメントも5–6ページになり、これも自分のキャラクターシートに記載されています。ここでは追加資料を引用したり、自分に反対するグループが最初のステートメントで提起した主張に反論したりすることで、最初のステートメントでの意見を

より深く展開させることが求められます。

ステートメントは登場人物のゲーム目標や秘密派閥を明らかにする内容になりやすいので、プレイヤーはそれを公に公開する必要はありません。ゲームマスターにだけ密かに提出してください。

ゲーム参加者(プレイヤー)はゲーム中に少なくとも2回演説します。

- ゲームの登場人物は、その役目によって特別な演説や発言をすることが求められます。例えば、祭司たちは毎回の授業で祈りや説教などでゲームを始める役割が割り当てられています。
- 通常、話す内容は、おそらく自分のステートメントから発展させたものになります。紙を壇上に持って行って読んではいけませんが、覚えやすいように3 x 5または4 x 6サイズのカードにポイントを書き留めておくことができます。話す時間は約5分に制限されるため、どう話すかをよく計画してください。また、各ラウンドで少なくとも一度は演説するように、日程を調整する必要があります。参加者は話す準備ができたら、壇上の下に来て総理大臣であるアサヤが指示する箇所に署名した後、一列に並んで話す順番を待ちます。アサヤは時間が許す限り、順番を待ち、並んでいた参加者たちに演説させる義務があります。**演説を行うプレイヤーの目標は、まだ立場を決めていないゲーム参加者たちが、自分たちの立場に同意するように説得力のある話をすることです。**
- 預言者だけは演説中に壇上の外から割り込んで話したり叫んだりすることができます。しかし、捕まって裁判にかけられないように、注意深く気をつけなければなりません。そのような手段は、重要な議題やタイミングのために取っておくべきです。

- 授業スケジュール

☀ 準備セッションA：

　　事前課題：学生の小包に指示されている全ての資料を読む。

　　授業内：ユダの歴史、特に宗教的慣行について議論する。

☀ 準備セッションB：

　　事前課題：申命記5章、12–26章、および32章、列王記下22–23章、歴代誌下34–35章を読む。

　　授業内：なぜ申命記が「律法の書」と同一文書であると考えられているのかについて議論する。さらに、申命記はユダの宗教的慣習をどのように変えたのかについて議論する。授業参加者にゲーム登場人物の役割を割り当てる。

☀ 準備セッションC：

　　事前課題：キャラクターシートやその追加資料を読む。

　　授業内：分派会議を開く。

　　王政派の人々は、法令の草案を準備する必要があります。

　　祭司派の人々は、開会の祈りと説教を担当する祭司の当番表を作成しておく必要があります。

- ゲームセッション： 設定されうる議題

　　議題は総理大臣であるアサヤが設定します。アサヤは「ゲームの天使」（あるいは「ゲームマスター（Game Master、省略するとGM）」とも呼ばれる講師および授業担当者）と相談した上で、追加の議題を設定することが良ければそうすることが出来ます。

・活動の流れ

　アサヤが会議の開会を宣言します。ゲームセッションは、会議の前に抽選で決められた祭司が壇上に立ち、開会儀式を行い、聖書に記されている短い祈りや説教をすることで始まります。開会儀式の後、アサヤが議題を発表し、演説者の順番を承認します。年代記者の役を担当する人は、一つのゲームセッションが終わった後24時間以内に、その日のゲームで起こった出来事を要約および整理して書き記し、その記録を電子メールや電子掲示板などを通して出版しなければなりません。

☀第1ラウンド：

1日目：総理大臣アサヤの開会宣言で会議が始まります。大祭司ヒルキヤもしくは抽選で決められた祭司が祈りや説教をすることによって開会儀式を行います。

・開会後に、アサヤが女預言者フルダに律法の書を公的に神の言葉として認めるよう求めます。

・この日に王政派の人々は、律法の書に描かれている新しい宗教的な規則や手続きを執行することに関する法令の草案を会議に提出しなければなりません。

　学生はゲームマスター(講師)に、一つ目のステートメントを提出することが期待されます。

2日目：法令草案に対する審議期間です。法令の改訂および変更はなされるでしょうか。当然、この法令による経済への影響は議論の的になるでしょう。

3日目：最終の審議期間です。法令を改訂および変更するための最後の機会でもあります。プレイヤーは法令案の可否について投票します。法令案への賛成が投票の過半数以上を占めるようになった場合、アサヤはその法令案を国の正式な法律として宣布し、

それを24時間以内に電子メールや電子掲示板などを通して出版しなければなりません。

❋第2ラウンド:

このラウンドはより自由な形式で行われます。国際政治や外交政策が第2ラウンドの主な議題ではありますが、第1ラウンドで決定された事案から生じる他の問題について議論することも可能です。

4日目: 総理大臣アサヤが外交政策についての法令草案を提出します。ユダはエジプトの傘下に入るべきでしょうか?アッシリアの支配を切り捨てるべきでしょうか?またはアッシリアの属国に留まり、パレスチナに侵攻するエジプトに対抗すべきでしょうか。私たちはエレミヤの先見の明のある考え方に従い、バビロニアに使者を送るべきでしょうか?それとも、崩壊しつつある近隣の強大国に対する対抗策として、神がダビデ王とソロモン王の時代に与えて下さった領土を全て回復できることを信じ、私たちは独立を図るべきでしょうか。

学生はゲームマスター(講師)に二つ目のステートメントを提出することが期待されます。

5日目: 外交政策について話し合いを続けます。もし議論が十分に展開されていたとしたら、この日に外交政策についての法令草案に投票を行うことも可能です。場合によっては第1ラウンドで決定された新しい法律に基づき裁判を開くこともできるでしょう。過越祭を祝うことに関する法令草案を提出してみてはいかがでしょうか。

6日目: まだ行われていない場合、外交政策についての法令案に投票を行います。進行中の裁判があれば、最終判決を言い渡すようにします。過越祭を祝うかどうかを決定します。

7日目: ゲーム評価会および反省会を行います。この日に各プレイヤーは自

分のキャラクターシートを持って来る必要があります。そのキャラクターシートに書いてある勝利条件に基づき、各プレイヤーの獲得ポイントを計算し、最高点を得たプレイヤーに最優秀賞を与えましょう。そして、どのゲーム参加者が最も素晴らしいプレイをしたかについて投票で決め、MVP賞やスマイル賞を授与しましょう。なお、ゲームで起きたことと、歴史上で実際に起きたことを比較し、その類似点と相違点について話し合いましょう。今回のゲームを通して経験したことの中で、一番印象深かったことはどのようなことであったでしょうか。今回のゲームを通して学んだことの中で、最も記憶に残るものは何であったでしょうか。より良いゲームにするための提案などについても話し合いましょう。

プレイヤーの獲得ポイントを計算する方法はゲームマスターが決定しますが、下記はその一例です。

普通、一人の役には複数の勝利条件が与えられていますが、一つの勝利条件に対して次のようなポイントシステムにすることも可能でしょう。

一つの勝利条件につき
第一級 (Primary):
　　成功した場合　+30 ポイント
　　失敗した場合　−20 ポイント
第二級 (Secondary):
　　成功した場合　+20 ポイント
　　失敗した場合　−10 ポイント
第三級 (Tertiary):
　　成功した場合　+10 ポイント
　　失敗した場合　−5 ポイント

なお、投票で勝利した派閥のメンバー全員は+50ポイントを獲得します。

　反対に投票で負けてしまった派閥のメンバー全員は-30ポイント、つまり30ポイントを失います。

　例えば、第一級勝利条件が三つあり、全て成功した場合には、90ポイントになります。さらに、そのプレイヤーの派閥が投票で2回勝利した場合には、100ポイントが加算され総計+190ポイントになります。反対に、三つの第一級勝利条件に全て失敗すれば-60ポイントになり、そしてそのプレイヤーの派閥が投票で2回敗北すればさらに60ポイントを失い、総計-120ポイントになります。

・その他の情報：

※コミュニケーション：

　プレイヤーは、ゲームの中でオストラコン(陶片)と呼ばれる3×5サイズのカードにメッセージを書いて、それをいつでもゲームマスターや他のプレイヤーに渡すことが出来ます。オストラコンはゲームセッション中、ゲームマスターとプレイヤーの間、そしてプレイヤーたちの間を繋ぐコミュニケーションの主なツールです。ゲームマスターはプレイヤーたちの質問に対して、即座にゲームの規則を明示し、ヒントを与え、そのルール自体を変更することが出来ます。

　プレイヤーは他のプレイヤーを説得するための手段として独創的なコミュニケーションの方法（例えば、歌、詩、通りでの踊りなど）を自由に使うことができます。しかしながら、ゲーム外の個人的な関係をゲームのための策略として使うことはできません。例えば、「あなたは私の高校の後輩だから、ルームメイトだから、同じサークルのメンバーだから、私に投票してくれないか」などで相手を説得しようとすることはゲームのルール違反です。

　なお、各プレイヤーは希望すれば、2回以上、公の演説を行うこと

が出来ます。授業外で勝利するための策略を練る目的で、ミーティングを開くことも出来ます。または、授業外での対話を通して、自分の役の立場から相手を説得することも自由に出来ます。このように授業の外で分派や派閥の秘密ミーティングを行うことなどは奨められますが、SNSによるグループチャットなどの使い方は制限されます。コミュニケーションのためにEメールを使用することは認めますが、それ以外の旧約聖書に登場しない文明の利器は使わないことが本ゲームの基本的なスタンスです。そこには二つの理由があります。まず、このゲームは旧約聖書の時代を舞台にしたものであるため、少しでも歴史に忠実な形のゲームにするためです。そして、もう一つの理由はSNSによるグループチャットなどを用いることによって生じうる問題、例えば、ゲームとは関係のないプライバシーの侵害などを未然に防ぐためです。プレイヤーはゲーム中に本来の自分とゲームにおける役を明確に区別し、ゲームの登場人物として振舞うべきです。従って、様々な事案に関する議論や主張がお互いに対する個人攻撃ではないことをはっきりと認識する必要があります。そして、いくらゲームの世界であるとしても、お互いに対する基本的なマナーを失わないようにくれぐれも注意して下さい。SNSによるグループチャットなどの使い方にどのような制限がつけられているかについてはゲームマスターに問い合わせてください。

　プレイヤーは授業内であろうと外部（カフェテリア、寮、図書館など）であろうと、ゲームの問題を議論するときは、お互いに本名ではなく役名で呼ばなければなりません。または、「ユダヤの兄弟姉妹よ」、あるいは「ユダヤの同胞よ」などで呼ぶことにしましょう。ゲーム上で発生しうる緊張や対立は、当然ながらあくまでもゲーム内だけでのことであるため、それが現実の生活に及ばないように、ゲーム活動を現実の世界からしっかりと分けて下さい。ゲームが終了すれば、ゲームにまつわる様々な感情もそこで終わりです。

✳ **裁判:**

　神殿で酔っぱらうなどの職務怠慢、偽りの預言、偶像崇拝や占いなどを含む異教的なヤハウェ崇拝、またはアシェラ、バアル、コム、モレクなど他の神々に礼拝を捧げるなど、多様な犯罪により様々な人物が告発され裁判が開かれる可能性があります。

1) 一人以上の登場人物がそのような告発をするときには、以下の内容を含めて総理大臣アサヤに告発状を書く必要があります。
   A：告発者の名前
   B：被告の名前
   C：容疑の内容
   D：告発者が求める処罰
   授業の終わりに、総理大臣アサヤは告発状を読みます。

2) この文書は、その日のゲーム終了後に、電子メールや電子掲示板などを通してクラス全体に公開されなければなりません。下記は告発状の一例です。
   告発状
   私、アザルヤはヒルキヤが聖所で酔っ払っていたことを告発します。これは神聖法典に記されている戒めに違反する行為です。レビ記10章8–9節によれば、大祭司は聖所に入るときは、酒を飲んではいけないことになっています。ですから私はこの重い罪を犯してしまったヒルキヤを大祭司から解任することを求めます。

3) 次回の授業時に、ゲームの開会儀式が終わった後、大祭司（大祭司が被告として裁判を受けている場合は別の祭司）が抽選で5人の陪審員を選びます。抽選の方法としてはウリムとトンミム

を使うことが基本ですが、他の方法でプレイヤーの合意が取れれば、つまり誰かの提案が過半数のプレイヤーの賛成を得ることが出来れば、その方法を採用することも可能です。

4) 告発者は容疑を説明し、被告の有罪を主張します。被告は弁護を申し出るでしょう。陪審員たちは両者の主張に注意深く耳を傾け、証人を招集し、必要な質問を投げかけ、答弁を聞いた後に判決を下してください。過半数の陪審員が下した結論が判決となります。

5) 被告人が有罪だと判明した場合は告発者が求めた処罰が被告人に下されます。その処罰の形は死刑や終身刑を含む多様な種類のものが考えられますが、例えば、下記のような処罰もありえます。
① 1つのゲームセッションの間、被告人は沈黙しなければなりませんが、投票をすることは可能です。
② 2つのゲームセッションの間、投獄されます。つまり発言も投票もできません　（ただし、監獄の中で歌ったり踊ったり預言したりすることは許されます）。

6) 陪審員たちが告発を偽りのものと判断した場合、つまり、被告人に無罪の判決が下された場合、陪審員たちは告発者に偽証罪を適用し、聖書に定められた処罰を与えなければなりません。偽りの告発をした人に対する処罰については申命記19章18–21節を参照してください。

7) 被告人や告発者に有罪判決が下された後にも、陪審員たちは、その判決が神の御心に適うかどうかを確かめるため、ウリムと

トンミムを使って神の御心を伺うことが出来ます。大祭司によって選ばれた祭司は、ウリムとトンミムを少なくとも2回投げ、同じ結果が2回連続で表れる場合のみ、それが神の御心であると判断します。例えば、ウリムが有罪、トンミムが無罪を示す場合、2回連続でウリムあるいはトンミムが表れることによって判決が確定することになります。

8) 有罪判決を受けた罪人は、犯した罪の種類によって、旧約聖書がその罪に対して死刑を命じるのであれば、死刑判決を受ける場合もあります。その場合、死んでしまった登場人物を演じていた学生は、霊媒師によって召喚されない限り(サムエル記上28章7-19節参照)、それ以上プレイすることができなくなります。そのような時にはゲームマスターがその学生に、新しい人物の役を与えることも可能であるため、ゲームマスターに相談して下さい。

9) 総理大臣アサヤは、適切な手続きによって法的問題を提起する全ての人に対して、どのようにその事案を進める予定であるかを説明する義務があります。

10) 裁判日に告発者が欠席すると被告人は無罪になり、被告人が欠席すると有罪になります。

✳分派と派閥:

特定の分派(王政、祭司、預言、庶民)と秘密派閥(申命記主義者と伝統主義者)は、その構成員において全く関連性がないということを覚えておいて下さい。つまり、特定の分派の中には、秘密派閥のメンバーが混在しています。プレイヤーは両方の領域でゲームポイントを稼ぐ

ことができます。ゲームマスターの判断により、投票で勝利した派閥の
メンバーには、特別な加算点が与えられます。

　分派や派閥の構成員は、ゲームマスターといつでも相談することが
できます。オストラコンやEメールによってゲームマスターから秘密の
指示を受けるプレイヤーもいるでしょう。

***このゲームによる成績をどのぐらい全体成績に反映するかなどは講師によって
決定されます。通常はこのゲームによる成績は全体成績の3分の1程度になりま
す。そしてゲームによる成績は下記の要素によって決められます。**

　　ステートメントなど各種の提出物
　　30%
　　会衆への演説
　　30%
　　その他の活動
　　（分派のミーティング、派閥のミーティング、小道具、
　　服装、追加の執筆作品、創造的貢献、戦略および戦術など）
　　30%
　　グループとして、または個人として行うゲームマスターとのやりとり
　　10%

☀教室での振る舞い :
　プレイヤーは、王の宮殿で行われる会議に参加しているわけですか
ら、それに相応しい振る舞いをする必要があります。古代ユダの宮廷で
人々はどのように振舞っていたでしょうか。創世記37章や39–50章などを
読み、ヨセフの物語に表れるエジプトの宮殿に関する描写を心に留めま
しょう。特にヨセフとその兄弟の間のやり取りは注目に値します（創世
記42:6–28、43:15–34、44:14–34）。

古代エジプトの知恵文学では、役人が上司とどのように関わり、またどのように民衆を統治すべきであるかということが頻繁に扱われました。聖書の箴言にも同じようなことが出てきます。箴言の多くは、良い行為についての一般的な教訓ですが、具体的ないくつかの場面においては王とその権力について言及しています(箴言16:10-15、19:12、20:2、8、26、28、22:11、24:21、25:5-6)。また他の箇所では宮廷での振る舞いについても書かれています(箴言23:1-3)。宮廷では常に賢い言動をすることが適切です。

　それでは分派ごとに相応しい振る舞い方について補足します。

1) 王政分派のメンバーは、王族・貴族らしき服装や言動に心がけて下さい。
　特に、箴言に関する知識は、当時、王族・貴族の教養の尺度でした。箴言の言葉をいくつか覚えて、演説の時に引用すると効果的でしょう。

2) 祭司分派のメンバーは、祭司らしき服装や言動に留意しましょう。荘厳な宗教儀式(開会式)もゲームマスターの評価対象です。ウリムとトンミムを上手に使いこなすことは祭司の基本です。開会式で詩編などをきれいな声で歌ってみても良いでしょう。あるいは、祭司らしい説教はどうでしょうか。

3) 預言分派のメンバーは、預言者らしき個性的な服装や言動を意識しましょう。預言者たちはゲーム中、いつでも発言者や演説者に向かって神からのお告げを宣布することができます(「主の言葉がわたしに臨んだ。あなたは…」、「イスラエルの神、主はこう言われる。あなたたちは…」など)。

4) 庶民分派のメンバーは、庶民らしき服装や言動を気にしましょう。素朴で元気で、時には情熱的なユダヤ庶民の姿を見せて下さい。彼らは歴史書に名前を残すことができませんでしたが、彼らこそが歴史の真の主役です。

それでは、皆さん、自分の分派に相応しい素晴らしい役作りをお願いします！

✸ いけにえや捧げもの:

下記の「イスラエルとユダの宗教」の節で説明されるとおり、いけにえや捧げものは古代ユダの祭儀の主要な部分でした。レビ記1章によると、祭壇の前で屠殺された雄牛、雄羊、または雄のヤギの血が器に集められ、祭壇の四方に撒かれました。動物の皮は剥がされ、その体は祭壇の上でバラバラに切断され完全に燃やされました。

ゲームの開始を表す開会儀式の一つとして、クラスで模擬的にレビ記1章に記されている祭儀を行ってみることをお勧めします。学生（そして講師）は想像力を使って、神聖な祭儀の形を適切に再現することが奨励されます。この祭儀は重要な宗教的営みなので、儀式の間は適切な礼儀と態度を保つべきです。

✸ 過越祭:

過越祭を祝う決議が通った場合、最後のクラスのゲームセッションには過越祭の祝いが含まれます。過越祭は「酵母を入れないパンの祭り（除酵祭）」としても知られています。聖書によると、これら二つはもともと別々の祝祭日だったようです。出エジプト記23章の古いバージョンでは、過越祭は言及されていません（出エジプト記23:14–17）。しかし、除酵祭は言及されています。レビ記に表れる後期のバージョンでは、過越祭が言及されており、除酵祭がその直後に書かれています（レビ記

23:5–6)。

　過越祭の一部として、学生たちは自分で作った料理を一品ずつ持って来ることができます。特に、誰か興味のある人がマッツォと呼ばれる酵母を入れないパンを自分で焼いて持って来てくれれば、学生たちは現代のユダヤ人が過越祭の8日間に食べるマッツォを味わう機会を持つことが出来るでしょう。

　　下記がマッツォの作り方です。
　　オーブンを最高温度に予熱します。
　　ただし、オーブンの直火にはしないでください。
　　1コップの水
　　3コップの小麦粉

1) まな板や麺棒に小麦粉をよくつけておくと、麺棒で生地を伸ばすときに生地がくっつきません。
2) 生地がしっかりした形になるまで小麦粉と水を混ぜます。
3) 生地がくっつくようであれば、小麦粉を加えて、まな板の上でもう少しこねてください。
4) 生地がしっかりできたら、麺棒で1/4〜1/8インチの厚さに広げます。
5) 薄い生地にフォークで穴をあけます。
6) 生地をクッキングシートに移します（ピザ用の釜がある場合は、石の上で直接焼くことができます）。
7) 生地がカリカリになるまで、2〜3分間焼きます。
8) オーブンから取り出して冷まします。

　補足:これはコーシャ（ユダヤ教のおきてに従って作られた）食品のレシピではありません。正式なコーシャ食品にするためには、コーシャ

の小麦粉を手に入れ、台所や調理器具をきれいにして、それらに全く酵母の残りがないことを確認する必要があります。また、自然発酵が起こらないように、生地を混ぜてから焼くまで18分以内に調理しなければなりません。しかし、作る時間は楽しく、出来上がったものはきっとおいしいことでしょう。

　　レシピや作り方については下記のリンクを参照してください:

https://leitesculinaria.com/84910/recipes-homemade-matzoh.html
https://www.allrecipes.com/recipe/213682/matzah/
https://www.youtube.com/watch?v=ZOe65EzbJQQ

旧約聖書の形成年代

✤

　聖書は、様々な時代に、様々な人々によって書かれた文書のコレクションです。ヨシヤの改革ゲーム中、学生は聖書のテキストの、どの箇所を使うことができるでしょうか。言い換えれば、聖書の中で、どの文書が紀元前625年頃ヨシヤ王の時代に既に存在していたでしょうか。これは答えるのが難しい問題であり、聖書学や歴史学の知識を必要とする問いでもあります。

　18世紀まで、多くの人々はモーセが聖書の最初の五書（創世記、出エジプト記、レビ記、民数記、申命記）の著者であると信じていました。彼らは他の聖書の人物が、聖書の他の部分を書いたと考えました。たとえば、サムエル、ガド、そしてナタンがサムエル記上下を執筆し、エレミヤが列王記上下を執筆し、各預言者が彼ら自身の名前で呼ばれるようになった預言書を記したと思われていました。

　しかし、現代の聖書学者たちは、旧約聖書のほとんどの書物は、匿名の著者によるものであり、誰が書いたのかを特定できないことを知っています。アモス（また他の預言書）や箴言のように、個人の言葉であると主張する書もあります。しかし、これらの言葉は、匿名の書記によって集められ、編集され、伝達されたため、たとえそれらが特定の預言者や賢人によって話されたとしても、彼らは自分の言葉を書き留めたり、今日の私たちが持っている聖書にある文書を作成したりはしませんでした。したがって、アモス書は、預言者に由来する預言の言葉を集めていますが、それは必ずしも年代順に並べられているわけではなく、おそらくアモスによって書かれたものでもありません。

　古代の書記は、聖書のいくつかの箇所で年代を提供しています。

例えば、ほとんどの預言書は、神の言葉が与えられた年代の明示から始まります。「主の言葉が彼に臨んだのは、ユダの王、○○の子××の時代、その治世の第△△年のことであり…」などがその典型的な形式です。たとえ、いつ彼らの言葉が集められ、編集され、そして公布されたのかわからないとしても、このような年代明示によって私たちは、預言者がいつ話したかを知ることができます。ゲームの目的のために、ここでは古代の書記が記した年代が正しく、預言者が話すと、すぐにその言葉が記録され、それが広く知れ渡っていたと仮定します。

　これは、学生が紀元前8世紀の預言者（アモス、ミカ、ホセア、そして第一イザヤ［イザヤ書1–39章］）からのテキストを使用することができるということを意味します。ナホム、ゼファニヤ、そして若きエレミヤは、おそらくヨシヤの治世中に活躍したと考えられます。したがって、これらの書物のテキストも全てゲームに使用することができます。

　もう一方で、箴言や詩編の形成年代を確定するのは不可能です。しかし、同様の資料（知恵文学と賛美歌）が古代エジプト、カナン、およびメソポタミアで古い時代から知られているため、ユダヤ人は間違いなく箴言と詩編に類似した文書を持っていたと思われます。したがって、学生が望むならこれらの書物も使うことができます。

　しかし、古代の書記は、旧約聖書のほとんどの本にその著者を明記しませんでした。五書（創世記、出エジプト記、レビ記、民数記、申命記）はすべて作者不詳で、それに続くヨシュア記、士師記、サムエル記上下、列王記上下も同様です。誰がいつこれらの本を書いたのでしょうか。上記のように、啓蒙主義時代前の聖書学者の多くは、モーセが五書を書いたと考えました。しかし18世紀の間に、この考えは疑問視されました。学者たちは、1人の著者が五書全体を執筆したとは考えにくい文体の特徴などに気づき始めました。そのいくつかの例を以下に挙げます。

　創世記1章は、神が6日で世界を創造したと語っています。一日目

の創造は四日目の創造に対応し、二日目の創造は五日目の創造に、そして、三日目の創造は六日目の創造に対応しています。下記の表はそれを表すものです：

一日目	光と闇を創造	四日目	天の光：太陽、月、星を創造
二日目	原始の水を分離し 海と空を創造 （ドームまたは大空による）	五日目	海と空の生き物を 創造 （魚と鳥）
三日目	地と植物を創造	六日目	陸上動物と人間を 創造

　しかし、創世記2章は、創造において異なる一連の出来事を示しています。この物語は、人間に焦点を当てています。ヤハウェ[2]は、「アダム（人間）」を塵から形作り、彼の鼻孔に（生命を）吹き込み、彼を生かせました。アダムをつくった後、ヤハウェは植物をつくり、次

2　聖書の著者は、いくつかの異なる神名で神を呼んでいます。まず、創世記1章で使用されている1つの神名は、エールまたはその複数形のエロヒムであり、これは「神」を意味する一般名詞です。創世記2章で使用されているもう1つの神名は、ヤハウェというイスラエルの神の名前です。これはアポロ、ゼウス、またはジュピターのような特定の神を指します。英訳でも、イスラエルの神を指すこれら二つの神名は区別されています。翻訳者がテキストの中でエールまたはエロヒムという単語を見つけた場合、イスラエルの神を指すものであれば、それらを大文字の「G」を使って「God」と表記し「神」として翻訳します。この言葉が他の神に言及するときは、翻訳者は小文字の「g」を使って「gods」と表記し、「神々」と訳します。ヘブライ語原文にヤハウェという言葉があるときは「the Lord」と表記し、「主」と訳します。この場合には、「私の主ダビデ」のような人間に対する敬称である「lord」と区別するために、Lが大文字で表記されています。

に動物をつくりました。その後、ヤハウェはアダムにパートナーが必要であると思い、アダムを眠らせ、アダムから肋骨を取り除き、それで女性を創造しました。これらの創造物語はかなり異なります。これらは創造の異なる流れを記述し、神について異なる名前を使用し、また神の創造活動を非常に異なる形で提示します。創世記2章の神は人間のような特徴を持っています。すなわち、神は神人同型論的であり、擬人化されています。

創世記における他の興味深い点は以下の通りです：

・創世記6章19節で、神はノアにすべての生き物を2匹ずつ箱舟に入れるようにと命令しますが、創世記7章2節では7組の清い動物と1組の汚れた動物を連れて来るようにと命じています。

・創世記37章28節で、ヨセフはイシュマエル人に売られ、エジプトに連れて行かれますが、同じ章の36節では明らかに同じグループがミディアン人と呼ばれています。

・アブラムは、エジプト人にサライが彼の姉妹だと告げ（創世記12:13）、ゲラルのアビメレク王にも同じトリックを使いました（創世記20:2）。興味深いことに、創世記26章でイサクはもう一度ゲラルに定住し、アビメレク王に妻レベカを自分の姉妹であると告げています（創世記26:6）。これは子は親に似るということなのでしょうか。

・申命記34章6節で、モーセは彼自身の死について言及し、「主は、モーセをベト・ペオルの近くのモアブの地にある谷に葬られたが、今日に至るまで、だれも彼が葬られた場所を知らない」と書いています。

このような不可解な例をすべてカタログ化する必要はありません。それは間違いなく長いリストになるでしょう。こうした謎が非常に早い時期から聖書の読者によって注目されてきたという事実を認識することで十分です。聖書の解釈史において、それらの箇所を説明する方法は時代

と共に変わりました。伝統的に聖書は「聖典」とみなされていたので、他の文書のように読むことができませんでした。「聖典」はいつも「真実」であると思われていたので、奇妙なところや矛盾する箇所は、人間である読者が神を理解することができないためであるとされました。学者たちは明らかな矛盾を説明するために努力しました。例えば、多くの学者がテキストを寓意的に解釈しました。寓意的な読み方では、テキストの意味は表面的または文字通りの意味だけで終わるのではなく、文字の中に隠されている、より深い、象徴的な意味が存在すると考えます。おそらく創世記1章は、神が天において万物を創造した様子を描いたものであり、創世記2章はこの世で神の創造が実際にどのように実現されたのかを描写していると解釈することも可能です。ちなみに、これはヨセフスという紀元後1世紀のユダヤ人歴史家による説明です。自分の死という将来の出来事を予測するモーセの能力に関する謎は、モーセが預言者であったということに注目することで解決されるかもしれません。

17世紀頃から、学者たちは聖典としてよりも、むしろ他の文書と同様に人間によって創られた書物として聖書を読み始めました。これは、学者たちが上記のような謎について、神ではなく人間に由来する説明を探し始めたということを意味します。学者たちはノアが箱舟に一緒に乗せた動物の数（1組か7組）に、神からの隠されたメッセージを仮定するのではなく、人間によって作り出されたテキストであるがゆえに生じる矛盾ということで理解しようとし始めました。最終的に、18-19世紀の聖書学者たちは文書仮説を立てました。このモデルは五書が4つの異なる資料を組み合わせることによって完成されたことを示しました。学者たちはこれらの資料を神名の違いや文体の違いなどによって区別しました。さらに、学者たちは、これらの資料がいつどこで作られたのかを解明しようとしました。最もよく知られた文書仮説の形はユリウス・ヴェルハウゼン(Julius Wellhausen, 1844-1918)が提唱した下記のようなものです。

資料	年 (BCE)	地理的起源	特徴
J	1000	南ユダ	神をヤハウェと呼んでいる。神を擬人化している。ユダでの出来事に焦点を当てた、創造から出エジプトに至るまでの歴史。例えば、ユダで暮らす族長たちの物語が多い。
E	950	北イスラエル	神をエールまたはエロヒムと呼ぶ。神はより遠くにある存在とされ、使者や夢を使って人間と交流する。イスラエルで起こった出来事に焦点を当てた物語が多い。
D	625	ユダ（しかし、イスラエルの影響を受けていると思われる）	申命記
P	700または586以降[3]	ユダもしくは捕囚の地	祭司資料。主に出エジプト記25：1-民数記10：10（レビ記を含む）。しかし、他にも資料が創世記のいたるところに散らばっている（創世記1の創作物語や系図資料など）。

3　ヴェルハウゼンは、Pがバビロン捕囚後、つまり紀元前538年より後のものであると考えました。しかし、最近、ミルグロム(J. Milgrom)、クノール(I. Knohl)、および他の学者

ほとんどの聖書研究者は、20世紀の間に上記の文書仮説を受け入れました。この仮説は、なぜ2つの創造物語があり、2つの異なる動物のつがいがノアの箱舟に乗り込むのか、またなぜ他の多くの謎があるのかを合理的に説明してくれます。それらは異なる資料に由来するからです。どうやら、洪水物語には2つのバージョンがあり、ある編集者によって1つにまとめられたようです。同様に、創世記の初めには、Jによる古い創造物語（創世記2章）とPによる新しい創造物語（創世記1章）が並べられています。これらの資料がいつ編集され一つに組み合わされたのかについては、今でも活発な議論がなされており、1970年代からはユリウス・ヴェルハウゼンの仮説と大きく異なる仮説も次々に登場しています。啓蒙主義時代から最近まで五書に対する研究がどのように展開されてきたかに関する説明としては、『旧約文書の成立背景を問う：共存を求めるユダヤ共同体』（増補改訂版、日本キリスト教団出版局：2019年）の17–102頁を調べてみるとよいでしょう。

　ヨシヤの改革ゲームの目的のために、学生は五書からのテキストを自由に使用することができます。ヨシヤ王の書記たちが知っていたテキストが、現在の聖書の中で読まれているものと全く同じということはなさそうですが、ほとんどのテキストが類似していたでしょう。

　ヨシュア記、士師記、サムエル記上下、および列王記上下といった他の匿名の文書群についてはどうでしょう。多くの聖書学者たちによると、これらの文書はさまざまな情報源からの資料を含んでいます。学

たちは、PがDに先立つか、または部分的にDと同時代に形成されたという見解を表明しました。今日、文書仮説を支持する学者は2つの陣営に分類されます。つまり、一方ではPが紀元前700年ぐらい早い時期にすでに出来上がったと捉えるグループが存在し、もう一方ではPが紀元前586年以後の遅い時期にようやく作られたと考えるグループがあります。ゲームのために、ここではP資料に近い伝承が、少なくとも口伝で、司祭たちに知られていたと仮定します。

者たちが申命記主義的歴史書と呼ぶこれらの一連の書物が、宗教改革プログラムを奨励するために、ヨシヤ王の書記によって作られたと示唆する聖書学者もいます。これらの文書は現代の歴史家が書くような歴史書ではありません。むしろ、イスラエルとユダに対する神の関係を論じる神学的なテキストです。これらの書物はイスラエルとユダの歴史を探究し、その歴史が反復的に下記の神学的なパターンを指し示していると主張します。[4]

1) 神の民は繰り返し、神に逆らいました。
2) 神はその罪のために、ご自分の民を外国の軍隊を送って罰しました。
3) 民は悔い改めて、神に助けを求めました。
4) 神はやがて民を赦し、救い出しました。

しばらくすると、民は再び逆らい始めました。（手順1に戻ります）

ヨシヤ王はユダの宗教的な慣習を、新しく発見された「律法の書」に記載された戒めと一致するように変革しようとしていたので、上記の神学的なパターンはヨシヤ王と彼の書記たちにとって非常に魅力的なものでした。

ヨシヤは、どのようにしてこれらの新しい、またある意味で根本的に異なる宗教的慣行を受け入れるように人々を動機付けることができるでしょうか。一部の学者によると、ヨシヤの書記たちは、ユダとイスラエルの宗教的慣行が、長きに渡って間違いを続けており、忍耐強く慈悲深い神であっても、神の法令、律法、また戒めを無視し続けるならば、神の選んだ民でさえも罰する意志があると主張する歴史書を作り出しました。この主張は、列王記下 17章の中で明確に示されており、ここでは紀元前722年のイスラエルの破壊が、神に背き続けたイスラエルをまさ

4　この反復的なパターンは士師記に最も明確に描かれていますが（特に士師記2章11－23節参照）、サムエル記上下と列王記上下においても見られます。

に神が罰したものであると説明されています。もし神が誤った宗教的慣行のためにイスラエルを破壊し、追放したのであれば、その同じ神はユダを異なる基準で扱うでしょうか。ユダはこの新しい啓示に従うために従来の礼拝習慣をより正しく改革すべきではないでしょうか。

　ヨシヤの書記たちは、この資料をでたらめに作り上げたのではなく、古い伝承に基づいて執筆しました。時々、彼らは情報源が何であったかを明確にしています。例えば、ソロモンの宮廷史（列王記上11:41）、イスラエルの王の歴代誌（列王記上14:19、15:31など）、そしてユダの王の歴代誌（列王記上14:29、15:7、23等）などが言及されています。他にも書記たちが参考にした資料がいくつかあったと思われます。例えば、士師記を注意深く読めば、初期の物語の大部分が地域的に北王国イスラエルの領土内で起きた出来事であることがわかります。中期の物語はヨルダン川の東側で活動した士師たちを扱っています。そして、後期の物語は、全て南王国ユダの領土内で活躍した士師たちに焦点を当てています。つまり、イスラエル王国の書記たちは、イスラエルの領土内に足跡を残した士師たちの話を収集し、ユダ王国の書記たちはユダの領土内で有名だった士師たちの話を集めた可能性があります。この収集がいつ行われたかははっきりしていませんが、これらの伝承群は、おそらくヨシヤ王以前にすでに存在し、広く流布していたと思われます。ヨシヤ王の書記たちは、これらの伝承群を収集および編集して旧約聖書の士師記、あるいはその原型を作り上げることができました。

　ヨシヤの改革ゲームの目的のために、学生はヨシヤの死後に書かれた列王記下の最後の部分（すなわち23章28節から25章30節まで）を除き、ヨシュアから列王記下までのどの箇所でも利用することができます。ヨシヤの書記たちがいつ自分たちの歴史書を一般に公開したのかはわかりませんが、学生はヨシュアから列王記下までのテキストがヨシヤ王の時代に広く知られていたとし、ゲームで使うことができます。

まとめ：以下の書物は、ヨシヤ王の時代には（巻物として、あるいは、少なくとも口伝という形で）存在していた可能性が高いため、学生はヨシヤの改革ゲーム中に使用することができます。

　創世記、出エジプト記、レビ記、民数記、申命記

　ヨシュア記、士師記、サムエル記上下、列王記上下（23章27節まで）

　箴言、詩編、アモス書、ミカ書、ホセア書、第一イザヤ書（イザヤ1–39章）、ナホム書、ゼファニヤ書、エレミヤ書2–6章と30–31章。

イスラエルとユダの略史

　　古代イスラエルと古代ユダの歴史を書くための情報源はたくさんありますが、それらを使うことは難しいかもしれません。すでに述べた通り、明らかな資料である聖書については、その年代と著者についての多くの未解決の問題があります。いつ文書が書かれたのかを知ることなく、あるいは著者が置かれていた時代背景について何らかの知識を持つことなくして、その文書の歴史に関する証言を評価するのは困難です。もし著者に何らかの偏見があったと言っても、それが必ずしも否定的なものだとは限りません。これは単に、誰もが自分自身の視点を持っており、異なる人々が世界を違うように見ることを認識すべきであるという常識を示すものです。アメリカ独立戦争について話される物語は、アメリカの見解とイギリスの見解ではお互いに大きく異なります。ユダはイスラエル、エジプト、アッシリア、その他の国々から攻撃を受けたため、ユダヤ人著者が全く偏見なく中立的な立場で、これらの強大国について説明しているならば、それは逆に不自然なことでしょう。

　　幸いなことに、古代イスラエルと古代ユダの歴史を知るために、他にもいくつかの資料があります。その一部は他の王国の文書です。これらの文書も同様に偏見の中で書かれています。例えば、アッシリア帝国の情報では、アッシリア人はいつも戦争で勝利していたことになっています。しかしながら、アッシリアの王の年代記は、アッシリアの軍隊がいつパレスチナで戦闘を行っていたのかを知らせています。これらの戦闘（の一部）は聖書の説明と関連づけることができるため、聖書のテキストをより正確に年代づけることができます。エジプト、バビロニア、モアブにも同様のことが言えます。

おそらく、聖書以外の情報源で最も重要なのは考古学者によって集められたものです。考古学者は19世紀半ばからパレスチナで発掘活動を行っています。当初、多くの考古学者は、聖書の信頼性を証明したいという願望に動機づけられていました。しかしながら、聖書の中で最も興味深い物語の多くが考古学的な痕跡を残していないため、その信憑性を証明するのは困難であるということがわかるようになりました。アブラハムが彼の息子イサクを犠牲にしようとした時、天使によって止められたことを証拠づけるものは果たして発見出来るでしょうか（創世記22章）。また別の事例では、考古学的な発見は聖書の記述を反証するようです。例えば、エリコはヨシュア記の中でイスラエル人によって占領されたと書かれていますが（ヨシュア記6章）、考古学的な研究によれば、ヨシュア記が描いている時代には、エリコには誰も住んでいなかったようです。結局のところ、考古学的な遺跡を正しく解釈することは非常に難しいと言えるでしょう。小さい粘土の像が神を表すものか、それともバービー人形のように、子供たちが遊ぶおもちゃであったのかを判断することは至難の業です。しかしながら、こうした困難があるとしても、最近の研究では、古代イスラエルの歴史は考古学的資料に大きく依存する傾向があり、私たちもそうすべきでしょう。

　古代イスラエル人について考古学的証拠がある最も古い時代は、鉄器時代の始まり、つまり紀元前1200年ごろです。この証拠を議論する前に、青銅器時代末期の東地中海世界について簡単な復習が必要です。

　後期青銅器時代（紀元前1500年−1150年）のほとんどの期間、エジプトはシリア・パレスチナ南部を直接的に統治するか、あるいは年貢を収めていた属国の王たちを介して間接的に支配しました。シリア・パレスチナの北部はヒッタイト人によって統治されていました。ヒッタイト人は中央小アジア（現代のトルコ）にある帝国を治めていました。現在のシリアとイラクに当たる地域はアッシリアによって統治されていましたが、イラク南部はしばしば独立しており、その際にはバビロニアによっ

て支配されていました。

　紀元前1200年頃から、これらすべての帝国は、大規模な侵略者の移住によって破壊されたか、もしくは深刻な混乱をきたしました。シリア・パレスチナでは、小アジア北部とエーゲ海から侵入者が来たようです。侵略者たちは攻撃する軍隊だけで構成されていたわけではなく、家族、氏族、あるいは部族全員が軍隊と共に新しい地域に移動していたようです。学者たちは彼らを、古代エジプト人によって造られた用語で「海の民」と呼びます。ヒッタイト帝国は紀元前1180年頃に崩壊しましたが、誰が滅ぼしたのかは不明です。紀元前1150年頃までに、エジプトはシリア・パレスチナでの支配権を失い、海の民がエジプト自体に侵入するのをほとんど防げませんでした。メソポタミアでは、アラビアの砂漠から侵入者が来て、アッシリア帝国を著しく弱体化させ、バビロニアにその独立を取り戻させました。アッシリアは帝国を再建し始めた950年頃まで弱体化したままでした。海の民による攻撃で古代エジプトが受けた被害はとても深刻なものであったため、それ以来エジプトは帝国としての地位を再建することが出来ませんでした。

　つまり、紀元前1150年頃から950年頃まで、メソポタミアとナイル川の谷を拠点とする古代の「超強大国」は弱体化したままでした。この力の真空状態は、より小さな国の繁栄を可能にしました。そうした国のうちの二つがイスラエルとユダでした。

　ほとんどの考古学者によりますと、古代イスラエル人はカナン人の後裔でした。カナン人は青銅器時代末期（紀元前1500–1150年）の間、大多数が地中海沿岸の大都市に住んでいましたが、一部は内陸のいくつかの都市にも暮らしていました。これらの都市は海の民の侵入によって破壊されますが、海の民の一部は沿岸地域に定住して後に「ペリシテ人」と呼ばれる民族を形成するようになります。

　この頃、ユダとイスラエルの丘陵地に新しい集落が現れました。これらの高地集落では、カナン風の陶器や技術（防水石膏など）を使用

しており、類似した西セム系言語を話していました。カナン人の都市国家と高地の集落の間に見られる考古学的遺跡の類似点から、歴史家たちは、一部のカナン人が海岸の平野部から逃げ出し、内陸のより高い山岳地帯に移動したと考えています。これらのカナン人たちは、王に高い税金を払うよう命じられ、不平等的な階層制度に基づくカナンの社会構造から逃げた一般市民だったかもしれません。あるいは、町の破壊から逃げた難民だったかもしれません。いずれにせよ、これらのカナン人たちは小さな自給自足の村に定住しました。

　ある時点で、この共同体は自分たちをカナン人とは異なるものと見なすようになり、ヤコブまたはイスラエルと名付けられた共通の祖先を主張するようになりました。そのため、彼らは自分たちを「イスラエル人」と呼ぶようになったのです。現代の考古学者たちによって記述された、これらの高地集落の平等主義的で自給自足的な文化が、聖書の士師記に記載された古代イスラエル人の文化と似ていることは大変興味深いことであります。

　士師記に先行する聖書の資料についてはどうでしょうか。多くの聖書学者たちは、創世記やその他の聖書の資料が、それらが描写する出来事よりもずっと後に書かれているため、その全てが正確な歴史的証言ではないと考えています。しかし、聖書は歴史的に信憑性のある伝承も保存していると思われます。例えば、イスラエル人は、カナン人の神ではないヤハウェを礼拝するようになりました。イスラエル人はどのようにしてこの新しい神を知るようになったのでしょうか。聖書には、ヤハウェという神が（北方に自分の山を持っていたカナン人の神エルとは異なり）シナイやホレブといった南の方から来たというヒントがあります。このように、考古学者はイスラエル人がエジプトからやって来たことを証明する、エジプトの陶器などの証拠は見つけていませんが、もともとヤハウェが礼拝されていたと思われるシナイやミディアンから少数の移民者グループが来て、パレスチナの高地でカナン人に加わり、自分たち

の神を伝えたというシナリオは歴史的な蓋然性が高いものです。そこで
その移民者たちは高地に定住するカナン人と共存・共生したと思われま
す。この共存・共生の民衆は、自分たちをカナン人ではなくイスラエル
人として認識するようになり、イスラエル人の神としてヤハウェを礼拝
するようになりました。

　イスラエル民族がカナン人との共存・共生から形成されたという
考えは、聖書本文と真っ向から対立するように見えますが、実はそうで
もありません。[5] 旧約聖書はその最も深いメッセージと文脈においてイ
スラエルと諸民族の共存・共生を促す書物であるからです。なお、古代
イスラエル人の先祖全てではなくても、その一部はエジプトでの奴隷状
態から脱出し、移住してきた出エジプトグループであった可能性は非常
に高いため、イスラエルが出エジプトを通して形成された民であるとい
う聖書の証言は決して嘘ではないのです。だからと言って聖書の記述全
てが現代的な意味で「歴史」という文学様式に値するわけではありませ
ん。例えば、ヨシュア記には、侵入したイスラエル人が先住民のカナン
人を滅ぼしたと書かれています。しかし、このヨシュア記の記述を疑う
理由がいくつか存在します。第一に、征服戦争、火事、または地震など
による大規模な破壊は通常、考古学的に重要な痕跡を残すはずですが、
パレスチナで征服戦争が行われたという考古学的証拠はほとんど残され
ていません。第二に、イスラエルの神であるヤハウェと、バアルやエル
などのカナン人の神との間には多くの類似点があります。第三に、古代
イスラエルの宗教的文化はカナン人の宗教的文化と非常に似ています　（

5　イスラエルの起源については聖書学の中で活発な議論が続いています。この問題
　に対する現代聖書学の最新動向に関してはMegan Bishop MooreとBrad E. Kelle
　が共著で執筆した『Biblical History and Israel's Past: The Changing Study of
　the Bible and History (William B. Eerdmans Publishing Company, 2011年)』の
　77－144頁をご参照ください (訳者注)。

古代イスラエルの宗教についての詳細は下記の節を参照してください）。

　前述したとおり、紀元前1200年から950年頃、古代近東の強大国は弱体化していました。このため地方の小さな国々が出現し、その中には沿岸に住むペリシテ人とフェニキア人、丘陵地で暮らすイスラエル人とユダヤ人、さらに内陸にはアンモン人、モアブ人、そしてエドム人がいました。

　聖書では、士師の時代（紀元前1200年から1000年）にイスラエル人が部族によって組織されていたことが示唆されています。時折、外部の敵と戦うために部族のグループが協力しましたが、そのような同盟は地域的で比較的弱くて短命でした。特定の敵と戦った後には、イスラエルの民兵は解散しました。そして士師記によると、イスラエルの部族同士も互いに戦ったようです。このような部族制度は、イスラエルの敵が比較的弱い時にはイスラエルを十分に守ってくれました。しかし紀元前1000年ごろになると、ペリシテ人がイスラエルとユダの領土を侵略し始めました。

　ペリシテ人はイスラエル人より良い物資を手に入れることができ、より能率的に組織されていました。ペリシテ人の都市は、常備軍を指揮する王によって率いられました。ペリシテ軍は老練な職業軍人で構成されていたので、イスラエルとユダの部族民兵を倒すことができました。そのため、聖書によれば、イスラエル人は最後の士師サムエルに民を導く王を任命するよう求めました（サムエル記上8章）。サムエルが王として指名したのはサウルでした（サムエル記上10:1）。

　サウルは最も小さい部族であるベニヤミン族の一員でした。ベニヤミン族はイスラエルの最南端の部族でもありました。政治的観点から考えると、王の権力を使って他の部族を制圧することができないような弱い部族から、最初の王を選ぶということは理にかなっていたかも知れません。

　サウルが王に選ばれた理由が何であれ、彼は自分とその息子ヨナタ

ンが率いる、職業軍人で構成された常備軍を創設しました。この軍隊は数回の攻撃でペリシテ人を打ち負かすことができました。ペリシテ人がサウルとその息子を倒して殺すまでは、サウルは数々の戦争で勝利を収めた名将でした（サムエル記上14:47-48）。サウルの治世の期間は不明です。[6]

ダビデはサウルの王位を受け継ぎました。ダビデはユダの南部出身で、最初はサウル軍の指導官の一人という身分でした。ダビデはペリシテ軍との戦いで大勝利を収めました。それによって、ダビデは自分の部族であるユダの構成員の間だけではなく、北部の様々な部族の構成員の間でも人気者となりました。聖書の執筆者たちは、ダビデがサウルに非常に忠実であったと断言していますが、もう一方でダビデが王位を奪うことを試みたとも取れる事柄も示唆しています。いずれにせよ、サウルの死後、サウルの息子の一人であるイシュ・バアルが2年間イスラエルを支配し、ダビデはユダを支配しました。イシュ・バアルが何人かの臣下によって暗殺された後、ダビデはいわゆる連合王国を樹立し、イスラエルとユダの統一王国を統治しました。

40年の統治の間、ダビデは大きな軍事的成功を手に入れました。彼はモアブ、エドム、アモン、シリアを含む近隣諸国のほとんどを征服し（サムエル記下8章と10章を参照）、ペリシテ人の沿岸都市にまで支配圏を広げました。ダビデの最も重要な征服活動は、エブス人の町を占領し、それをエルサレムと改名し、統一王国の首都としたことです。ダビデは契約の箱をエルサレムに運び込み、この町を政治と宗教の中心地に

---

[6]　聖書の著者が王を紹介するとき、典型的に次のような形式が使われます。「〇〇は、××歳で王となり、イスラエル/ユダを△△年間統治した」（列王記上14:21参照）。即位年齢（××）が省略されている場合もありますが、在位期間は常に書かれています。しかしサウルの紹介（サムエル記上13:1）では、即位年齢と在位期間の両方が省略されています。

しました。

　ダビデが年を取ったとき、ソロモンの母、バト・シェバは、ダビ
デがソロモンを後継者として選ぶように宮殿の権力者たちと共に計画を
立てました。そのおかげでソロモンはダビデの次に王座につくわけです
が、聖書の著者によると、ソロモンの最大の業績はエルサレムに神殿を
建てたことでした。この神殿は統一王国の祭儀制度の中核となり、王室
の後援を受けました。ソロモンはエルサレムに神殿だけではなく宮殿も
建てました。これらの建築プロジェクトの費用を支払うため、ソロモン
は急激な増税を行いました。

　いつのことであったかは聖書に明確には書かれていませんが、ソロ
モンの治世中のある時期に、シリアとエドムといった遠方の地域で反乱
が起こり、これらの地域が統一王国から離脱しました。しかし、ソロモ
ンはユダとイスラエルでは統治し続けることができ、彼の治世中に反乱
はありませんでした。彼の息子、レハブアムは父親の知恵を統治に活か
せませんでした。

　紀元前922年のソロモンの死後、イスラエル人はレハブアムと税金
の引き下げを交渉するようになりました。レハブアムがそれを拒絶する
と、北部の部族は統一王国から分かれ、新しい王としてヤロブアムを選
びました。これ以降、イスラエルとユダは別々の国となりました。

　両国のうち、イスラエルは豊富な天然資源と貿易ルートを持ってい
たため、ユダより軍事的にも強大で、経済的にも裕福でした。さらに、
イスラエルはより国際的で、時にはフェニキアとの密接な貿易関係を結
んでいました。しかし、同時に、ダマスカスのような強力な敵も持って
おり、復活した超強大国であるアッシリアにも地理的に近いところにあ
りました。イスラエルの政府は弱く、野心を抱く将軍が王を暗殺し、そ
の王位を継承するということが何度も繰り返されたため、どの王朝も何
代か続いた後には滅びました。

　ユダはより貧しく、周辺部にありましたが、非常に安定した政府を

持っていました。アタルヤ女王（紀元前843-837）の治世を除き、レハブアム（紀元前922年）からエルサレムの破壊（紀元前586年）までダビデの子孫が継続して支配しました。

　統一王国が分裂したとき、それぞれの後継国は統一王国よりも弱くなり、この弱体化によってモアブやアンモンのような、かつて統一王国によって征服されていた異民族や領土の一部が独立するようになりました。それだけではなく、レハブアム王の時代にエルサレム神殿を略奪したエジプトやイスラエル東部領土の大部分を占領したダマスカスにとってユダやイスラエルを扱いやすい攻撃対象にしました。

　しかし、シリア・パレスチナの様々な独立国家もまた、ダビデの統一王国のように超強大国が弱体化した時代に出現しました。紀元前900年頃からエジプトもアッシリアも力を取り戻し始めました。紀元前917年頃、エジプトはユダ王国を侵略し、エルサレム神殿を略奪するほど強くなっていましたが、アッシリアほど強力ではありませんでした。

　1150年頃から900年まで、アッシリア王国はチグリス川上流の中心地へとその領土を縮小させられました。紀元前900年ごろから、アッシリア人は敵をチグリス渓谷から追い出し、メソポタミア北部を支配するようになりました。アッシリアはバビロニアと平和条約を結び、南部領土の側面を安定させました。アッシュールナツィルパル（紀元前883-859）は属国の反乱を鎮圧し、反乱を企んだ王、王子、貴族などを残酷に罰しました。これらの処罰には、突き刺す、皮をはぐ、手足を切断する、生き埋めにするなどが含まれていました。こうした暴力は悪魔のように計算されていました。アッシュールナツィルパルが地中海に西進したときには、彼の残酷さに関わる噂が先に各地に伝わりました。そのため、彼に反対する者は一人もいなくなり、新ヒッタイトとアラムの都市国家やその統治者たちは自発的に年貢を納めて彼に忠誠を誓いました。アッシュールナツィルパルは、この西側での軍事活動で集めた莫大な戦利品で、新しい首都を築き、その中には精巧な宮殿も建てました。

その後、彼の後継者たちもアッシュールナツィルパルのように大量の戦利品を手にしたいという欲望に駆り立てられ戦争と征服を行い続けました。

シリア・パレスチナの諸国は、アッシリアの拡大に抵抗するために団結しました。紀元前853年に、1,200台の戦車、1,200人の騎兵隊、および2万人の歩兵を持つダマスカスと2,000台の戦車と10,000人の歩兵を持つイスラエルの連合軍は、カルカルの戦いでアッシリア人を敗北させました。**7**

10年後、イスラエルの将軍イエフは王に対して反乱を起こし、イスラエルの王冠を奪いました。すでに終焉に近づいていた反アッシリア同盟は、イエフがアッシリアの臣下になって貢物を送ることにより、完全に崩壊してしまいました。しかし、ダマスカスは独立したままでアッシリアに抵抗し続けました。アッシリアが撤退すると、ダマスカスはイスラエルを攻撃し、ヨルダン川の東側の領土の大部分を占領し（列王記下10:32-33）、ユダに捧げ物を納めさせました（列王記下12:17-18）。

アッシリアの勢力が急激に低下したことにより、ダマスカスは強国になりました。紀元前825年から紀元前744年まで、アッシリアは内戦、飢饉、また流行病に巻き込まれました。しかし、紀元前745/4年にティグラト・ピレセル3世が王になり、アッシリアの領土を劇的に広げました。さらに、ダマスカスを鎮圧し、メナヘム王の時代（紀元前745-737）にはイスラエルからも貢物を受け取りました（列王記下15:19）。その後、ティグラト・ピレセルはイスラエルの北方領土の大部分をアッシリアのものにしました（列王記下15:29）。

---

7 聖書はこの勝利について報告していません。聖書の中で、暴君として描かれているアハブ王の指揮による勝利であったからであると思われます。アハブは、聖書の著者たちの目には悪人であったため、彼らがその重要な勝利の話を省略したとしても驚くには値しません。

ダマスカスとイスラエルは、新しい反アッシリア同盟を結成しよう
としましたが、ユダの王アハズはこの同盟に参加することを拒否しまし
た。それに対して、ダマスカスとイスラエルは、アハズの代わりに同盟
に参加するような王を立てようとして、ユダに侵攻してきました（列王
記下15:37）。その攻撃に対してアハズはアッシリアの臣下となり、その
助けを求めることで応じました。アハズはアッシリアに神殿の金と銀を
払い、それでダマスカスとイスラエルを攻撃するよう頼みました。アッ
シリアはダマスカスを攻略し、国王を殺し、人々を捕虜にしました（列王記
下16:9）。アッシリアの軍隊はまたイスラエルを攻撃し、自分たちの属国
になって貢ぎ物を納めるように強制しました（列王記下17:3）。数年後、
イスラエルの王はエジプトからの支援の約束を取りつけて、アッシリアに
反乱を起こしました。アッシリアの王シャルマネセルはイスラエルに向か
って進軍しました。アッシリアはイスラエルの首都サマリアを3年間包囲
しました。紀元前722年に、アッシリア人たちはイスラエルを攻略し、破
壊し、人々を強制的に移住させました。考古学者たちは、エルサレムがこ
の時期に、おそらくイスラエルからの難民によって急激に大きくなったと
いうことを示すように見えるいくつかの証拠を発見しました。

　エジプトはパレスチナの諸国（ユダ、モアブ、エドムなど）にアッ
シリアに抵抗するよう働きかけ、軍事的な援助を約束しました。エジプ
トとバビロニアは共にアッシリアの強大化を恐れていましたので、両国
は同盟を結びました。バビロニアも使者を派遣し（列王記下20:12-14）、
パレスチナの諸国がアッシリアに対して反乱を起こすよう促しました。
紀元前8世紀の終わり頃、ユダの王ヒゼキヤは、ティルス、シドンなどの
国と共にエジプト人の助言に従いアッシリアに対する反乱を起こしまし
た（列王記下18:7）。[8] このことは、アッシリアの王センナケリブがこれ

8　ヒゼキヤの治世に関する聖書の記述は、出来事を実際に起きた順序とは異なる順番
　　で並べています。聖書学者たちは通常、聖書の順番を当時の現実により近いと思われ

らの反抗的な属国を鎮圧するために侵攻するという悲惨な結果をもたらしました。センナケリブは紀元前702年頃にエルサレムに到着し、この町を包囲しました。ヒゼキヤはエルサレムの防御力を強化し、飲み水の供給を改善するなどの先見力を持っていたので、この攻囲は失敗で終わりましたが、ヒゼキヤはアッシリアに講和を求めました。講和は成立しましたが、ヒゼキヤはその代価として莫大な貢物をアッシリアに捧げるために、エルサレム神殿の銀と金さえも剥ぎ取らなければなりませんでした（列王記下18:15-16）。この反乱の後、治世の最後の13年間においてヒゼキヤはアッシリアの忠実な臣下であったようです。

　　ヒゼキヤの後は、彼の息子マナセに引き継がれました。そしてマナセはユダヤ王の中で最長の55年間（列王記下21:1、紀元前687-642）君臨しました。聖書の著者はマナセの伝統的な宗教的慣行のために彼を厳しく批判しましたが、その外交政策についてはほとんど述べていません。マナセの治世は長く平和であったので、彼はおそらくアッシリアの忠実な追従者だったと思われます。しかし、エジプトはまだユダの隣国で反乱を煽っていました。アッシリアの王エサルハドンは紀元前677年に沿岸のシドンを侵攻することで、これらの反逆行為に応えました。バビロニアの反乱を鎮圧することに忙しいエサルハドンが対応できないことを願いながら、シドンに隣接するティルスが紀元前676年に反乱を起こしました。しかし、エサルハドンはパレスチナ諸国の反乱を扇動することを止めるためにエジプトを攻撃するという決定を下しました。紀元前673年、エサルハドンはエジプトに侵入し、ナイル・デルタの大部分を獲得しました。紀元前671年、エサルハドンはエジプトの首都メンフィスを征服し、総督を任命しました。しかし、首都を占領したからといって、エジプトの他の地域が反乱を起こさないという保証にはなりませんでした。さらに、ほぼ同じ時期に、アッシリアの東部国境にあるバビロ

　　る順序に並べ替えて、ヒゼキヤ時代の歴史を再現します。

ニアが他の王国と共に反乱を起こしたため、アッシリアはエジプトの反乱を完全に鎮圧することに苦しみました。エサルハドンの後継者であるアッシュールバニパルは、長い治世（紀元前668–627）の大部分を帝国内の様々な反乱を鎮圧することに追われました。彼の人生の終盤に向かうにつれ、これらの鎮圧活動はさらに上手く行かなかったようです。

息子のアモンがマナセの後を引き継ぎましたが、その統治は2年で終わりました。アモンは「彼の家臣たち」によって暗殺されたのです。聖書の著者は暗殺を促した者を特定しません。ただ、聖書は、「国の民」がアモンの暗殺者たちを殺害し、彼の息子であるヨシヤを王座に置いたと述べます。「国の民」が誰であったかは不明ですが、おそらく彼らは裕福な地主たちで構成された強力な政治集団であったと思われます。

ヨシヤは640年に治世を始め、聖書によれば、約18年後の622年に神殿の改修中にいわゆる「律法の書」が発見されました。多くの聖書学者たちはこの直前にアッシュールバニパルが死んだと考えています（紀元前627/626）。アッシュールバニパルの2人の息子が両者ともアッシリアの王位を主張したため、内戦が勃発しました。ちょうどその頃、バビロニアでも王位継承をめぐる争いが起こり、バビロニアは内戦状態に陥りました。

ゲームの目的のために、ヨシヤの治世下では国際的な状況が非常に流動的であったことを覚えておくことが重要です。ヨシヤが権力を握ったとき、アッシリア帝国は弱体化していました。ヨシヤが宗教改革を実行した時、アッシリアは内戦状態にあり、それゆえに属国を統制することができませんでした。しかし、強い指導者が現れ、アッシリアに栄光と力を取り戻す可能性もある状況が続いていました。バビロニアもまた、内戦状態に苦しんでいました。エジプトは当然ながらユダよりは国力が強いと言えるでしょうが、1000年前のようにパレスチナにおける絶対的な支配権を主張することができるほど強力ではあ

りませんでした。これらの強大国の弱体化は、ダビデ王の統一王国を可能にした、紀元前1150年から900年までの権力の真空状態を再び生み出すでしょうか。

　下記はヨシヤの治世中にユダヤ人が直面していた外交政策に関わる主な問いです。ユダは、ダビデがしたように、主要な独立国家としての地位を確立しようと図るべきでしょうか。それとも、超強大国の1つと同盟を結ぶべきでしょうか。もしそうであれば、どの国と同盟を結ぶべきでしょうか。

　エジプト？　あるいはバビロニア？あるいは、復活したアッシリア？どの国が次の超強大国になるかわからないまま、ヨシヤ王治世中のユダヤ人たちは、彼らの考えに基づきそれぞれの国と同盟を結んだ場合の得失について色々と話し合っていたはずです。それは、正しく当てれば勝者からの好意を確実にすることが出来ますが、間違えば死によって罰せられるかも知れない難しい問いでした。

イスラエルとユダの宗教

　イスラエルの宗教[9]についてのこれからの説明では、前述したイスラエルの起源に関する仮説を前提にすることにします。つまり、青銅器時代の終わりに、カナンの都市国家からの難民がイスラエルとユダの丘陵地帯に逃げ込み、やがてイスラエル人となったという想定です。

　このモデルが適切である理由の1つは、聖書に保存されているイスラエルの神の記述が、カナン人の神々の記述と類似しているからです。それだけではなく、イスラエルの聖所はカナン人の聖所に似ています。そして、イスラエルの礼拝儀式はカナン人の礼拝儀式と似ています。時を経るにつれ、イスラエルの宗教は新しいものへと進化しましたが、宗教の変化は通常遅いもので、地域社会の保守的な構成員からは常に抵抗を受けるものです。申命記派のような改革派は長い年月を経て生まれましたが、500年以上の間行われてきた宗教的な祭儀のやり方を人々に変えさせるのは非常に難しい課題でした。興味深いことに、申命記派とその支持者は、バビロニア捕囚（紀元前586–538年）の時期にその影響力を拡大し、後の時代における真に新しい宗教、すなわちユダヤ教とキリスト教を創造する種を撒いていたと思われます。

　イスラエルの「昔の」宗教について学ぶために、先ほど概説した古代イスラエル宗教の特徴（神、聖所、慣習）を少し詳しく説明していきます。古代イスラエルの宗教を扱う前に、まずカナン人の宗教について

9　ここで「イスラエルの宗教」というのは、北王国イスラエルと南王国ユダに暮らしていた人々の宗教を合わせて表す用語です。細かいところで両者は完全には一致しなかったものの、広い意味で同じ宗教であったと言えるからです。

簡単に取り上げます。ゲームプレイヤーが念頭に置いておくべき1つの重要な事実は、ヨシヤが、古代から神聖とされていた伝統的な宗教の多くの面を変えようとしていたということです。その改革は、本来の「純粋な」ヤハウェ礼拝への回帰を主張しましたが、そもそもそのような礼拝が存在したという考古学的な証拠はありません。むしろ、この改革は新しい形の礼拝を導入するための試みであり、申命記派が認めることが出来なかった伝統的な宗教活動を除去し、イスラエルの宗教を精製するためのものでした。現在の申命記と同一文書であったと思われる「律法の書」は現実の状況をありのままに語る「記述的」な文書ではなく、物事がどうあるべきか、もしくはどうあるべきであったかを伝える「規範的」な文書でした。

・ カナン人の宗教

　青銅器時代のカナン人の宗教については、現代のシリアの海岸近くの都市ウガリット（現代のラスシャムラ）から、膨大なテキストを含む考古学的な遺跡が発見されることによって多くのことが知られています。カナン人の宗教は、カナン人の子孫であるフェニキア人が現代のレバノンの地域に当たるパレスチナの海岸沿いに住んでいた鉄器時代の間も、彼らによって実践され続けました。カナン人のパンテオン（万神殿）は多くの神々を含んでいました。主な神々は次のとおりです。

名前	英訳	図像	役割
エル	God	年寄りで髭を生やしています。万神殿の家長であり、王座に座っています。	パンテオンの支配者、他の神々の父、世界と人間の創造者です。年を取っており、親切で賢い神です。 いくつかの物語では戦士として現れますが、通常はバアルがこの役割を果たします。
アティラート/アシェラ	Goddess/Shrine	ライオンの背中に立ち、蛇を握っています。アシェラを象徴する木や木柱も拝まれました。	他の神々の母=>豊穣の女神であり、母性の女神でもあります。海の女神であるので漁師の守護者としても拝められました。
バアル	Lord	武器を持って行進する姿で描かれる場合が多いです。	嵐、つまり作物を担当する雨の神です。海と戦い、竜（ドラゴン）として描かれます。カナンの人々はバアルが戦いの中で死ぬと地上の不作を引き起こすと信じていました。アナトはバアルを死から復活させる役割を担当します。復活の後、バアルは世界に豊穣を取り戻します。
アナト	士師記3章31節に登場するAnathという名前も参考にして下さい。	通常ヘルメットを被り武器を持っている姿で描かれます。	戦士の女神です。血に飢えており激しい性格です。バアルの妻であり姉妹でもあります。

これらの神々は、祭儀における献げ物を通して拝められました。献げ物は様々な理由で捧げられました。例えば、豊かな収穫に対する感謝、将来の豊穣のための祈願、あるいは誓願の遵守などが考えられます。ほとんどの場合、動物が屠殺され、その献げ物は焼かれました。

　カナン人は、毎年いくつかの農業祭日を祝いましたが、少なくとも秋の収穫を祝うため秋に1回、また小麦の収穫と家畜の繁殖を祝うために春にも1回盛大な祭りを行いました。

　なお、カナン人の死後の世界に関する概念は不明ですが、人々が死者と共に「食事をする」ために宴会を開いたという証拠は存在します。

・ イスラエル人の宗教

　私たちは聖書と考古学によって、イスラエル人の宗教について多様な情報を得ています。聖書の証拠は、主にエルサレム出身の教育を受けたエリートという非常に小さなグループの考えを表しているので、それが当時のイスラエル宗教の全てを反映しているかどうかについては、注意深く考察しなければなりません。彼らは多くの伝統的な宗教慣習を好ましくないと考え、聖書の中でそれらを厳しく批判しています。

　あなたたちの追い払おうとしている国々の民が高い山や丘の上、茂った木の下で神々に仕えてきた場所は、一つ残らず徹底的に破壊しなさい。祭壇を壊し、脊柱を砕き、アシェラ像を火にくべ、神々の彫像を切り倒して、彼らの名をその場所から消し去りなさい。あなたたちの神、主に対しては国々の民と同じようにしてはならない。

　（申命記12:2−4）

　しかし、上記の宗教慣習は申命記だけではなく、創世記やいくつかの預言書にも書かれています。このように異なる著者が書いた聖書の様々な部分でこうした習慣が記述されているという事実は、この慣習が当時のイスラエルおよびユダ社会で一般的に実践され広く認められていた

ことを示しています。当時の普通の人々からすれば、これらの宗教慣習はイスラエル宗教の正常で正当なものでした。このように、聖書は古代イスラエル宗教に関する重要な手がかりを提供していますが、その宗教が歴史的な観点から実際にどのようなものであったかを検討するためには、聖書の著者たちが持っていたこうした従来の宗教習慣に対する（通常否定的な）評価に捕われることなく、より中立的な立場で考察を行う必要があります。

考古学は、聖書の価値観と世界観というレンズを通さずに古代イスラエル人の宗教と慣習に関する様々なヒントを提供するため、聖書に対する有用な補足となります。聖書研究者にとって明確になってきていることの一つは、古代イスラエル人の宗教がカナン人の慣習の多くを引き継いだということです。

• イスラエルの神

おそらく、イスラエル人とカナン人の宗教の最大の違いは、イスラエル人がヤハウェという神を礼拝していたことです。この神の起源についてはあまり知られていませんが、ミディアン人かあるいはユダ南部の人々からヤハウェ宗教がもたらされたのではないかと推測されます。この地域はヤハウェが最初にモーセに自身を顕したといわれている場所だからです(出エジプト記3:13–16参照)。ヤハウェの起源が何であれ、聖書はヤハウェがカナン人の神々の属性、特にエルとバアルの属性を取り込んだことを示しています。

エルと同様に、ヤハウェは神の会議で君臨します（詩編82:1、89:5、8;ヨブ記1:6）。ヤハウェは年をとってひげを生やし（詩編93、ダニエル書7:9）、北のはるか遠い山（詩編48:3、イザヤ14:13）の幕屋（サムエル記下7:6）に住んでいました。エルの称号の多くは、特に創世記においてはイスラエルの神に割り当てられています。例えば、エル・シャダイ（「全能の神」、創世記17:1、28:3、35:11、43:14、48:3）、エル・エリ

オン（「最も高い神」、創世記14:18、19、20、22）、エル・オラム（「永遠の神」、創世記21:33）、エル・ベテル（「神の家の神」、創世記31:13）エル・エルロヘ・イスラエル（「イスラエルの神々の神」、創世記33:20）、エル・ロイ（「見ている神」、創世記16:13）などがあります。おそらく族長がカナンの神エルを崇拝していたという印象を持たせないために、聖書の著者は、ヤハウェがモーセに次のように語ったと説明します。「わたしは、アブラハム、イサク、ヤコブにエル・シャダイとして現れたが、ヤハウェというわたしの名を知らせなかった（出エジプト記6:3）。」言い換えれば、ヤハウェは族長たちに自分の名を紹介したことがなかったのです。興味深いことに、申命記派のような改革者でさえも、カナン人によるエルの描写に由来する用語を使ってヤハウェを賛美しました（申命記32:6-7）。

　ヤハウェはエルだけではなく、バアルの性格も取り込んでいました。ヤハウェはバアルと同様、海と戦い、竜（ドラゴン）のような存在として描かれました（詩編74:12-17、89:5-12、104:5-9）。どちらも戦争の神であり、その民のために戦いました。ヤハウェとバアルが聖なる山からやって来るとき、その存在は地を揺り動かし、自然を震えさせました（出エジプト記15章、詩編18、24、46、68、77、97、98編、アモス書1章など）。

　ヤハウェがアシェラおよびアナトの特質も吸収したと主張する聖書学者もいます。聖書には女性の特質をヤハウェに割り当てているように見える表現が多くあります。例えば、神はイスラエルを「出産」し（申命記32:18）、その誕生以来イスラエルを担い（イザヤ記46:3）、「母がその子を慰めるように」イスラエルを慰めたとしています（イザヤ記66:13）。このように、古代イスラエル人はヤハウェを主に男性の神として捉えましたが、女性的な特質も持つ存在として理解しました。[10]

10　M. S. Smith,『The Early History of God: Yahweh and Other Deities in Ancient Israel (Eerdmans, 2002)』, 147頁参照。

他の聖書学者たちは、ヤハウェはアシェラの特質を取り込まなかったが、アシェラに対する礼拝は王政時代を通してイスラエルとユダの各地で行われたと考えています。実際に、聖書の著者たちは「アシェラ」（これは神としてのアシェラだけではなく、その象徴として拝まれていた神聖な木や木柱のことも意味します）について繰り返し言及し、その破壊を促します（出エジプト記34:13、申命記7:5、12:3、列王記上14:15など参照）。聖書のテキストに加えて、考古学者たちはアシェラと識別できる多く（850–3,000個ほど）の像を発掘しました。これらの像は王政時代（紀元前10世紀から6世紀）を通して作られたと思われるもので、イスラエルとユダの領土に当たる様々な場所で、特に民家の中で頻繁に発見されました。これを根拠に、一部の聖書学者は、アシェラ崇拝はおそらく古代イスラエルの公の宗教とは区別されるべき私的および家族的な宗教の一部をなしていたと主張します。さらに、エル・コム（El-Qôm）とクンティレット・アジュルド（Kuntillet' Ajrud）の聖所からは、ヤハウェとアシェラについて共に言及する碑文が発見されました。これは当時のカナン宗教がアシェラをエルの妻として捉えていたように、ヤハウェ宗教ではアシェラをヤハウェの妻として理解していたという事実を暗示する証拠です。

・イスラエルの聖所

　古代イスラエルと古代ユダにおける礼拝の基本的な形は、カナンを初めとする古代世界のいたるところでそうであったように、動物を献げ物にすることでした。レビ記には、献げ物の種類、捧げられるべき動物、そしてその動物の各部位をどのように扱うべきかについての詳細な指示が記されています。例えば、動物の全てを焼き尽くすか、あるいは一部だけを焼くか、その肉を祭司たちのみが食べるのか、あるいは祭司たちと礼拝者が共に食べるかなどが細かく規定されています。礼拝者たちは、動物に加えて香、穀物、果物、お酒など様々なものを神に捧げる

ことが出来ました。

　出エジプト記とレビ記はまた、おそらくカナンの宗教に基づく祭儀暦について述べています。イスラエルの3つの巡礼祭（春の過越祭、夏の七週の祭り、そして秋の仮庵祭）はもともと農業と収穫に携わる祭りでした。時が経つにつれ、それらはエジプト脱出から荒野を彷徨う40年の間に起きたイスラエル民族の歴史と関連付けられるようになりました。過越祭はエジプトからの脱出を祝い、七週の祭りはシナイ山での出来事を記念し、仮庵祭は荒れ野を彷徨ったことを記憶するための祭りになったのです。

　前述したように古代イスラエル人の大部分がカナン人から派生したとすると、その祖先の多くは出エジプトに参加していないことになります。そうであるとすれば、出エジプトに関する歴史は王政時代のイスラエル人にとってはあまり意味のないものになっていたのではないかと思う人もいるかもしれません。しかし、そうではありませんでした。既に語りましたように、古代イスラエル人の先祖全てではなくても、その一部はエジプトでの奴隷状態から脱出し、パレスチナへ移住してきた出エジプトグループであったからです。そしてこのグループの人々は数的には少なかったのですが、神学的には全イスラエルの民に深い影響力を持つようになったのです。類似した事例が近世のアメリカにも起こりました。ほとんどのアメリカ人は自由を求め、1620年にメイフラワー号に乗り新大陸に向けて出港したピューリタンと呼ばれる清教徒たちとは何の関係もありません。それにもかかわらず、多くの人々が感謝祭を祝いながら七面鳥を食べます。感謝祭は、1863年にリンカーン大統領が祝日と宣言するまでは散発的に祝われていました。リンカーンはアメリカの共通の歴史と伝統に基づいて、すべてのアメリカ人が感謝祭を祝い、南北戦争の傷の一部が癒やされることを望みました。つまり、物語や祝祭は共同体の絆をより強くし、その共同体の統一性を高める機能を果たすために用いられます。それが必ずしも歴史的に、そして血縁的にその共同

体の構成員全てに当てはまる必要はありません。大切なのは共同体の構成員がその物語や祝祭を文化的に、そして社会的に自分のものとして受け入れているかどうかです。

　安息日という概念は、イスラエル人の革新的な考案によるものであったようです。王政時代の末期までには、安息日は7日ごとに祝われていたようですが、この慣習がいつ始まったのかは不明です。新月の日でもあった月の初日はまた、お祭りの日でもありました（イザヤ書1:14、エゼキエル書45:17）。

　カナン人の慣習は、イスラエル人の慣習の根底を成しており、それは王政時代の大部分にわたって続いていたようです。ソロモン王は、ティルスのヒラム王から熟練労働者を雇いました。ティルスはフェニキア人（カナン人の子孫）の町であったので、ヒラムの労働者たちはソロモンのために典型的なカナン風の神殿を建ててくれました。神殿はヤハウェの家であり、最も内側の部屋には契約の箱が収められていました。そして、その契約の箱は、人間の頭を持ち、翼のあるライオンのようなケルビムの像によって見守られていました。この部屋の外には、お香の祭壇、燭台、またパンを奉納するための机などがありました。神殿の正面には、12匹の牛に支えられた「海」と呼ばれる大きな青銅の鉢がありました。ここでカナンの神話の影響に注意してください。その神話によれば、バアルは「海」を鎮め、雄牛もまた最もよく知られたバアルの象徴でした。さらに、神殿の前には奉納用の大きな燔祭壇もありました。聖書の著者たちは、これらのカナン宗教の影響にもかかわらず、ソロモンが建てたエルサレム神殿を批判しません。しかし、聖書の著者たちは、ソロモンの後を継ぐユダヤの王たちが、エルサレム神殿に加えた多くの要素に対しては批判の声を上げました。当時、王だけではなく、神殿を運営していた多くの祭司たちも、こうした追加要素をイスラエルの宗教において許容されるべき正当なものであると考えていた可能性は非常に高いと考えられます。

聖書は、イスラエルの民がどのようにヤハウェを礼拝すべきかを非常に詳細に述べています。しかし、申命記の考えに強く影響された聖書の著者たちはまた、古代イスラエル人が歴史の大部分においてそのように礼拝しなかったことを明らかにしています。

　聖書は、イスラエルとユダの不適切な宗教と祭儀が、イスラエルの滅亡（列王記下17章）と、後に起こったユダの滅亡（列王記下21:11–15、24:2–4、25:1–21）をもたらしたと説明します。聖書の著者たちは、当時一般に行われた宗教的慣習について、申命記および列王記下17章で厳しく非難しました。彼らはまた、ヨシヤによる申命記的改革実施の試みについても述べています（列王記下23章）。イスラエル人とユダヤ人の祭儀には下記のような要素が含まれていたようです。

1) 山や丘の上の聖所（高台）:
   バマ［複数形：バモト］（申命記12:2、列王記下23:5, 8）
2) 聖所の構成要素:
   祭壇（申命記12:3、列王記下 23:12）
   立ち石（申命記12:3、列王記下 23:14）
   神聖な柱（申命記12:3、列王記下 23:14）
   偶像（申命記12:3）

　人々はバアル、アシェラ、また「天の万象」に捧げ物をしました（列王記下23:4, 5）。
　人々は時折、子どもを生贄にしました（申命記18:10、列王記下23:10）
　魔法、占い、魔術などを行う人々もいました（申命記18:10–11、列王記下 23:24）

　聖書の著者はこれらすべての慣行を批判しましたが、士師の時代から王政時代に至るまで、イスラエルの人々は地方だけでなくエルサレ

ムの神殿でもこのような祭儀を行っていたと思われます。それゆえ、少なくともヒゼキヤとヨシヤの時代までは、これらの慣行は公式的な宗教慣習であり普通のことでした。興味深いことに、こうした慣習のうちの少なくともいくつかは、聖書の著者たちも許容できるものでした。例えば、聖書の著者たちはエルサレム神殿でヤハウェに香を捧げることを認めています。聖書の著者たちは、神殿にある天使の「彫像」（または偶像?）を決して非難しません。また、くじを引いてヤハウェの御心を伺うことはむしろ推奨されました（レビ記16:8-9; 民数記26:55-56; ヨシュア記14:2; サムエル記上10:20-21など参照）。聖書の著者たちは明らかに、ある状況下では（おそらく彼ら自身がそれを行っていた場合には）像、占い、そして香などを許容していたでしょう。

　考古学は、こうした宗教的な慣習がほとんどすべて行われていたことを確認しました。考古学者たちは丘の上に多くの聖なる高台を発見しました。それらの高台からは、犠牲のための祭壇、神に供される品物の皿を支えるために使われた粘土の供物台、小さな香の祭壇、立ち石、置物（一般的には粘土、まれに銅）などが発掘されました。

　いくつかの場所、特にシェケムとアラドで、考古学者たちは神殿を発見しました。どちらにも祭壇と立ち石がありました。アラドの神殿には2つの立ち石がありました。1つは大きいもの、もう1つは小さいもので、これらはおそらくヤハウェとアシェラを表しています。ある時点で立っていたこれらの石は倒され祭壇の床の下に埋められました。それは、おそらくヒゼキヤやヨシヤの宗教改革と関連があるように思われます。

　考古学者たちはパレスチナにおける多くの場所で、バアル、アシェラおよび「天の万象」に言及する碑文を見つけました。明らかに、ヤハウェ以外の多くの神が少なくとも一部のユダヤ人によって崇拝されていたようです。発見された多数の小さな像について上述しましたが、これ

らは否定的な意味で「偶像」と呼ばれる場合があります。[11]

　なお、考古学者たちは災難を避けるためのお守りのようなものも発掘しました。考古学者たちはまた、占いに使われたかもしれないサイコロと石投（knucklebones）も発見しています。

　最後に、考古学者たちは、イスラエルで子どもを生贄にしていたという証拠はまだ発見していませんが、アシュケロンといった周辺地域では子どもの生贄が実際に行われていたことを示唆する遺跡を発掘しました。イスラエルで子どもの生贄が行われたかどうかについては学問的な議論が続いていますが、当時のイスラエルにおける大多数の住民はそのような宗教儀式に嫌悪感を抱いていたと思われます。

　つまり、考古学は、古代ユダと古代イスラエルにおける多様な宗教的慣行についての聖書の記述を立証しました。聖書で高台と呼ばれる地方の聖所を誰が管理していたかは分かりませんが、普通の人々がそこで犠牲を捧げることは当時の一般的な慣習でした。おそらく多くの人々が自分の家に神々の像を含む祭壇を持っていました。多くの人々が、他の神々や女神と一緒にヤハウェを拝みました。これは、ヨシヤ王と申命記派が、彼らの時代から約500年以上前に遡る古い伝統を変えようとしていたことを意味します。

　それでは、申命記派はどこから来たのでしょうか。おそらく紀元前

11　「偶像」と「魔術」は、両方とも特定の価値判断を含んだ用語です。用語の意味において重要なことは、話し手の意図です。聖人の彫像を崇めることは、外側の人々にとっては「偶像崇拝」のように見えるかも知れませんが、それを崇める者たちにとっては、彫像や像自体を信仰の対象としているわけではなく、そうした具体的な物を何らかの象徴として認識する場合が多いです。同様に、香をたいたり、古代の言葉を暗唱したり、身振りで御心を示したりすることは、それをどのような観点から捉えるかに応じて魔術にもなり、また礼拝にもなります。外側から見る人々は、そのような儀式を容易に（または意図的に）誤解する傾向があります。

9世紀のある時点から、イスラエル人の中に、イスラエルが他の神を礼拝することはヤハウェに対する背信行為であると主張する人が出てきました。列王記上16章29-34節によると、アハブ王は首都サマリアにバアルのための神殿を建てました。彼は、気の強い妻イゼベルの影響を受けたかもしれません。イゼベルはフェニキア人であり、自分の祖先の神々を礼拝し、バアルやアシェラの預言者たちを支援していました（列王記上18:19）。ヤハウェの預言者、特にエリヤとエリシャはアハブを非難しましたが、それがイスラエルはヤハウェだけを礼拝すべきであるという考えの起源であったかもしれません。この考えは後の預言者たちによって、より明確になり広がっていきました。特に、ホセアは、イスラエルは神と「結婚」しているという強烈な比喩でこの考えを表現しました。イスラエル人が他の神々を礼拝していることは不実な妻のようだったので、ホセアはイスラエルが「姦淫している」と非難しました。他の預言者たちもこの表現を利用することで、意図的に侮辱的で、不愉快な印象を植え付け、聴衆の行いを変えようとしました。

　ホセアはヤハウェ以外の神を礼拝することを非難しましたが、他の預言者たちは王、また祭司や神殿預言者を含む王の役人たちを批判しました。これらのエリートたちは、貧しく無力な人々を搾取していました。預言者たちは、ヤハウェは宗教的な儀式よりも倫理的行動と社会的正義を望んでいると主張しました。

　　わたしは言った。
　　聞け、ヤコブの頭たち
　　イスラエルの家の指導者たちよ。
　　正義を知ることが、お前たちの務めではないのか。
　　善を憎み、悪を愛する者
　　人々の皮をはぎ、骨から肉をそぎ取る者らよ。
　　彼らはわが民の肉を食らい

皮をはぎ取り、骨を解体して

鍋の中身のように、釜の中の肉のように砕く。

…

わが民を迷わす預言者たちに対して

主はこう言われる。

彼らは歯で何かをかんでいる間は

平和を告げるが

その口に何も与えない人には

戦争を宣言する。(ミカ書3:1－3, 5)

[アモスによる、ヤハウェの言葉]

わたしはお前たちの祭りを憎み、退ける。

祭りの献げ物の香りも喜ばない。

たとえ、焼き尽くす献げ物をわたしにささげても

穀物の献げ物をささげても

わたしは受け入れず

肥えた動物の献げ物も顧みない。

お前たちの騒がしい歌をわたしから遠ざけよ。

竪琴の音もわたしは聞かない。

正義を洪水のように

恵みの業を大河のように

尽きることなく流れさせよ。 (アモス書5:21－24)

　このように、預言者たちはヤハウェ以外の神への礼拝と、エルサレム、ベテル、および他の聖所で見られる宗教的慣習を批判しました。しかし預言者たちは、単に大声をあげる不快な変わり者ではありませんでした。彼らは神の指示を明らかにするメッセンジャーであり、王に対しては重要な助言者でもありました（サムエル記上15:2–3、サムエル記下

7:4–17、列王記上22章、列王記下19–20章）。フルダがヨシヤ王に助言したように（列王記下22:15–20）、イザヤは助言者としての立場を活かして、ヒゼキヤ王に彼の宗教改革プログラムを実施するよう促しました（列王記下19–20章）。ヨシヤが神殿から取り除いた異教的な祭具類の数々（列王記下23章）は、預言者の批判には十分な根拠があったことを示しています。王家の後援を受けており、公式宗教の中核をなしていたエルサレム神殿がこれほど「汚れていた」ということは、申命記派がなぜエルサレム神殿以外のすべての聖所を閉鎖しようとしていたかをある程度説明してくれます。申命記派の人々はユダヤ人の礼拝が「正しい」ものとなっているかを確認するために、管理および監督を強化することを望みましたが、遠隔地の高台や他の聖所をすべて管理および監督することはできませんでした。もしすべての聖所を閉鎖して、エルサレム神殿でのみ祭儀や礼拝を行うことにすれば、ユダヤ人の宗教行為を間近で監督し、それがどのようにヤハウェを礼拝するべきかについての申命記派の理解と一致しているかどうかを確かめることができるわけです。

　皮肉なことに、アモスやミカなどの預言者たちが表明した貧しく無力な人々への懸念を考えると、エルサレム神殿による聖所の集中化は、おそらく貧しい人々に経済的な痛みを与えたことでしょう。集中化された祭儀や礼拝によって、近い地方の聖所に行き、神を礼拝することが許されなくなったからです。神を礼拝する唯一の方法は、エルサレムへと旅立ち、神殿で祭儀を行うことであり、それは時間と費用がかかるものとなりました。さらに、それは高台や他の聖所で祭儀を司っていた地方の祭司たちから、様々な資源を奪い取ることを意味しました。このように、聖所の中央集権化は、おそらく地方の町や村をより弱く貧しくすることになり、もう一方では、エルサレムの祭司や官吏たち、そしてエリートたちを政治的により強く、経済的により豊かにしました。しかし、申命記派の人々は後者のグループに属していたので、この皮肉な結果にはあまり気づいていなかったかも知れません。

いずれにせよ、古代イスラエル社会における申命記の神学的かつ宗教的な影響力は膨大なものであり、それは旧約聖書の至るところで申命記的な文体や思想が見られることからも確認できます。ゲルハルト・フォン・ラート（Gerhard von Rad、1901-1971）が言った通りに、申命記は「旧約聖書の中心」であり、古代イスラエルの多種多様な宗教伝承を包括的かつ総合的に編み合わせながら、根本的に改革し、一つのまとまった神学体系を形作ることに成功した素晴らしい文書であると思います。

付録：ヘブライ文字と碑文

　　考古学は、聖書を記述し、編集した上流階級の著者たちには無視されがちな、一般の人々の生活に光を当てるという意味で重要な役目を果たします。考古学者は壺や彫像のような工芸品に興味を持ちますが、最も刺激的な発見のうちの一つが文字が書かれた文書や碑文です。この付録では、ヨシヤの時代に書かれた手紙をいくつか再現しました。学生の皆さんはこれらの手紙を使って、該当する時代における聖書の説明を補足することができます。

　　古代文書の翻訳では、（このように）括弧で囲まれた単語は、原文には存在しませんが、翻訳者が翻訳を円滑にするために追加した単語であることを表します。[　]のような括弧内の単語は、テキストが欠落しているか判読できない箇所を表します。陶器の破片は壊れたり、パピルスや羊皮紙は虫やカビによって傷んだりしてしまうことがあります。こうなると、翻訳者は単語の長さと文脈の両方の観点から、どの単語が欠文（空白）に収まるかを推測しますが、再構成されたテキストを括弧で囲むことによって翻訳が不確実であることを読者に知らせます。

　　以下のテキストのほとんどは、壊れた陶器の破片に書かれていました。陶器の破片はオストラコン（複数形：オストラカ）として知られています。これらのテキストはすべて、ヨシヤの時代、またはその数十年後のものです。

メサド・ハシャブヤフから出土されたオストラコン：
　　私の主よ、しもべの嘆願を聞いてください。
　　あなたのしもべは収穫の中で働いています。（次の事件が発生した

ときに）しもべはハサー・アサムにいました。

　あなたのしもべは数日前に刈り取りを行い、その仕事を終わらせ、（穀物を）貯蔵しました。あなたのしもべが数日前に刈り取りを終えてそれを貯蔵したとき、シャバイの子ホシャヤフが来てあなたのしもべの衣服を取りました。数日前のその時に私が刈り取り終わったとき、彼はあなたのしもべの衣服を取りました。

　熱い太陽の暑さの中で私と一緒に刈り取りをしていたすべての人は私のために証言してくれるでしょう：私の仲間たちは間違いなく私（に）［罪がない］ことを保証してくれます。

　［（だから）お願いですから、彼に命じて］　わたしの衣服を［返すようにさせてください］。［あなたのしもべの衣服を］返却させることがあなたの義務ではないと判断される場合でも、私をあわれみどうかあなたのしもべの［衣服を返らせて下さい］。

　Pardee, in Hallo, William W. and K. Lawson Younger, Jr. Editors. The Context of Scripture, v. 3: Archival Documents from the Biblical World（Leiden & Boston: Brill, 2003）: 77–78.

ラキシュ＃2：
　　私の主ヤウシュへ。
　　ヤハウェが今この時、あなたに良い知らせを与えてくださいますように。
　　あなたのしもべは私の主が覚えて下さる犬のような存在です。
　　ヤハウェが私の主に今まで知らなかった知識を与えて下さいますように。
　　Pardee, 前掲書, 78–79

ラキシュ＃3：
　　あなたのしもべホシャヤフは、私の主ヤウシュに報告します。ヤハウェがあなたに良い知らせを与えてくださいますように。

あなだが昨日の夕方にしもべに送った手紙の意味を今あなたのしもべにどうか説明してください。あなたが（あの手紙を）しもべに送ってから、しもべは心を病んでいるのです。手紙の中で主は、「手紙の読み方を知らないのか」とお聞きになりましたが、ヤハウェが生きている限り、誰も今まで私に手紙を読んでくれたことはありませんでした。私に手紙が来た際にはいつも私がそれを読みましたし、私はその詳細まで繰り返すことが出来ます。

あなたのしもべは次の情報を手に入れました：エルナタンの息子コンヤフ将軍はエジプトに行くために南の方に移動しました。彼は（メッセンジャー）を送ってここからアヒヤフの息子のホダブヤフと彼の部下たちを連れ戻させました。

（これとともに）私は王のしもべであるトビヤフの手紙も主に送ります。それは預言者からシャルムの息子のヤダのもとに届いたもので、「気をつけろ」と書いてありました。

Pardee, 前掲書, 79

ラキシュ＃4：

ヤハウェがこの時、あなたに良い知らせを与えてくださいますように。

そして今、あなたのしもべは私の主が送って（命じた言葉通りに）全てを成し遂げました。私はあなたが私に送って（命じた言葉を）すべて書き留めました。

私の主がBet-HRPDについて語ったことに関してですが、そこには誰もいません。

シェマクヤフに関して、シェマヤフ（Shemayahu）は彼を捕まえて、町へと連れて行きました。あなたのしもべは[今日は]証人をそこには送り込めませんでした。恐らく、朝に[彼は（あなたのところへ）到着するでしょう]。そして私たちはアツェカが見えないので、

主が私たちに与えてくださった暗号に従って、ラキシュの（烽火）信号を見ています。

Pardee, 前掲書, 80

ラキシュ＃5：

[ヤハウェ]が、私の主に［今この時に］良い知らせを与えてくださいますように。

あなたがこれらの手紙を送って下さったあなたのしもべは犬のような存在です。あなたのしもべは、主に手紙を送り返します。

私のヤハウェは私の主によい収穫を与えて下さいますように。

トビヤフはあなたのしもべに王家の穀物を送るのでしょうか。

Pardee, 前掲書, 80

ラキシュ＃6：

私の主ヤウシュへ。

ヤハウェがこの時をあなたにとって、とてもよいものとしてくださいますように。私の主が王の手紙と官僚の手紙を送って下さるあなたのしもべは犬のような存在です。[官僚たちの]言葉はよくありませんでした。

（それは）あなたの勇気を弱め、人々の度胸を脆くするものです[...]。

[彼らに]下記のように書いてくださいませんでしょうか。

[なぜ]このように振る舞うのか。」[…]

あなたの神ヤハウェが生きておられる限り、あなたのしもべが手紙を読んでから彼には[いっときの平安]もありません。

Pardee, 前掲書, 81

ラキシュ＃9：

ヤハウェが私の主に可能な限りの[良い]知らせを与えてくださいますように。

[そして]今、10（切れ）のパンと2バットのワインを（運搬人）に
与えてください。
シェレムヤフを通してあなたのしもべ（に）明日何をすべきかを伝
えてください。

Pardee, 前掲書, 81

未亡人の嘆願:

ヤハウェがあなたに祝福を与えてくださいますように。

そして今、役人である私の主にあなたの女中の話をお聞かせください。

私の夫は子供を（残さずに）死にました。

（私は丁寧に次のことが）起こるようにお願いします:

あなたの手を（私とともに）いさせて、相続に関してはアマシャフ
に話した通りにして下さい。

ナアマにある小麦畑に関してはあなたが(すでにそれを)彼の弟に渡
したと聞きました。

Pardee, 前掲書, 86

クンティレット・アジュルド（Kuntillet ’Ajrud）、ピトス1:

王アシュヤヴ（Ashyaw）が語った。「イエハレル（Yehallel）とヤウ
アサ（Yaw’ asah）と[…]に次のように言いなさい。『私はあなたた
ちをサマリアのヤハウェと彼のアシェラによって祝福します。』」

Hallo, 前掲書, 171

クンティレット・アジュルド（Kuntillet ’Ajrud）、ピトス2:

テマンのヤハウェと彼のアシェラに[…]。慈愛深い神は[…]彼が願
ったすべてのことを与えて下さいますように。そして彼が必要に応
じて望んだすべてのものを彼にあげて下さいますように。

アマルヤ（’Amaryah）が語った。「私の主に言いなさい。『お元気
で過ごしておられますか。私はテマンのヤハウェと彼のアシェラに

よってあなたを祝福します。』彼があなたを祝福し、あなたを保護
し、私の主と共にいてくださいますように。」

Hallo, 前掲書, 171-72

クンティレット・アジュルド（Kuntillet 'Ajrud）、二行の刻まれた碑文：

彼が（彼らの）日を長く[…して下さいますように]、そして満足し
[…]。

テマンのヤハウェが[…を]恵み深く導いて下さった。

Hallo, 前掲書, 172

魯 恩碩 （ろ・うんそく）

1971年韓国ソウル生まれ

1998-2002年ヴェストファーレン・ヴィルヘルム（ミュンスター）大学神学部（神学博士）

2007-08年フォーダム大学（ニューヨーク）非常勤講師

2010-12年アジアキリスト教大学連盟（Association of Christian Universities and Colleges in Asia）事務局長（General Secretary）

2017年クリスティアン・アルブレヒト（キール）大学神学部客員教授

現在、国際基督教大学教授

日本旧約学会・日本基督教学会・韓国旧約学会・全米聖書学会（SBL）会員

日本聖書学研究所所員

著書　*Die sogenannte "Armenfrömmigkeit" im nachexilischen Israel* (Walter de Gruyter, 2002)、*From Judah to Judaea: Socio-economic Structures and Processes in the Persian Period* (共著、Sheffield Phoenix Press, 2012)、*Poverty, Law, and Divine Justice in Persian and Hellenistic Judah* (SBL Press, 2018)、*Story and History: The Kings of Israel and Judah in Context* (共著、Mohr Siebeck, 2019)、*Collective Memory and Collective Identity: Deuteronomy and the Deuteronomistic History in Their Context* (共著、Walter de Gruyter, 2021).

ヨシヤの改革 申命記とイスラエルの宗教 (学生用)

初版発行　2020年 1月 14日
重版発行　2022年 2月 10日

著　　者　David Tabb Stewart · Adam L. Porter
編訳者　魯 恩碩
発行人　中嶋 啓太

発行所　博英社
　　　　〒 370-0006　群馬県 高崎市 問屋町 4-5-9　SKYMAX-WEST
　　　　TEL 027-381-8453 (営業、企画) / FAX 027-381-8457
　　　　E·MAIL hakueisha@hakueishabook.com
　　　　HOMEPAGE　www.hakueishabook.com

ISBN　　　978-4-910132-02-0

定　　価　990円 (本体900円)